새가족 바로 세우기

새가족 바로 세우기(인도자 지침서)

초 판 1쇄 발행 | 2022. 9. 20
초 판 2쇄 인쇄 | 2025. 1. 30
지은이 | 신현수
펴낸이 | 정신일
펴낸곳 | 크리스천리더
편 집 | 방진아
교 정 | 김윤수
일부총판 | 생명의 말씀사 (02) 3159-7979
등 록 | 제 2-2727호(1999. 9. 30)
주 소 | 부천시 소사구 성주로 96 제일빌딩 6층
전 화 | (032) 342-1979
팩 스 | (032)343-3567
도서출간상담 | E-mail:chmbit@hanmail.net
homepage | www.cjesus.co.kr

ISBN : 978-89-6594-341-9   03230

정가 : 8,000원

저자와의 협약 아래 인지는 생략되었습니다.
이 출판물은 저작권법에 의해 보호받는 창작물이므로, 무단 복제와 무단전재를 할 수 없습니다.

■ 잘못된 책은 구입하신 곳에서 바꿔드립니다.

새가족 바로세우기 시리즈
새신자, 초신자를 위한 교회 정착 7주 프로젝트

새가족
바로 세우기

신현수 목사

**새가족
[인도자용]**

C/S 크리스천리더

[새가족 바로 세우기 교재의 특징]

이 교재는 교회 처음나온 새신자나 초신자가 교회에 잘 적응할 수 있도록 돕는 교재입니다. 이 교재는 복음에 가장 충실하게 기획하였고 말씀의 기초를 배울 수 있는 교재입니다.

성경공부를 전혀 해 본 경험이 없는 분을 대상으로 기획되긴 하였지만 기존의 성도라해도 이사나 어떤 사유로 새로운 교회에 등록하셨을 때 7주간의 새가족 교육을 받으실 교재로 사용하셔도 좋습니다.

[지도자들을 위한 조언]

1. 이 교재로 지도하시는 지도자는 반드시 담임목사나 담당교역자에게 교육을 받으십시오.

2. 학습자를 위해 쉬지말고 기도하십시오.

3. 본문 내용을 충분히 이해하고 본문에 나오는 성경구절은 반드시 읽고 묵상하십시오.

4. 이 책은 1주일에 한 번씩 학습해 나가는것이 좋습니다.

[이 교재의 구성 및 사용법]

이 교재는 새가족 지도자용 교재로 총 7주로 구성되어 있습니다. 교재 구성은 생각 나누기, 코칭노트, 말씀 나누기, 은혜 나누기의 세 가지로 구성되어 있습니다.

| 생각 나누기 | (Think & Talk)

이 코너는 그림이나 예화를 통해 생각해보고 자신의 생각을 나누는 코너입니다. 본격적인 성경공부에 들어가기 전에 가볍게 이야기를 나누며 흥미로운 분위기를 만들어보세요.

| 코칭 노트 |

코칭노트는 각 문제나 내용에 꼭 필요한 사항을 설명해주는 참고 노트입니다. 꼭 읽어보시고, 설명해주세요.

| 말씀 나누기 |

그 과의 주제에 맞춰서 답을 쓰거나 빈칸을 채우는 형식으로 말씀을 배워나가는 코너입니다. 각 교재에 _____이나, ( ) 안에 원하는 답을 채워야 합니다.

| 은혜 나누기 |

오늘 학습한 내용을 중심으로 서로 이야기를 나눠보는 시간으로 자연스러운 결론을 유도하고 기도로 끝을 맺습니다.

[학습을 위한 시간 배분]

1. **기도로 시작** (시간: 2~3분)
모두 모이면 참여자 중 한 명이 기도하고 시작합니다.

2. **찬양 나누기** (시간: 5~10분)
찬송이나 찬양을 한 두 곡 정도 부릅니다.

3. **한 주간의 나눔**(코이노니아) (시간: 10~15분)
한 주간의 나눔을 갖습니다.
시간이 길어지지 않도록 인도자는 시간관리를 잘 해야 합니다.

4. **생각 나누기** (시간: 5~10분)
생각을 나눔으로 자연스럽게 본문으로 넘어갈 수 있도록
인도자는 방향을 잡아 주도록 합니다.

5. **말씀 나누기** (시간: 20~30분)
내용에 대해 간략히 설명해 주고, 답을 달게 합니다.
모르는 문제는 그냥 넘어갈 수 있도록 유도합니다.

6. **은혜 나누기** (시간: 5~10분)

Contents

새가족 바로세우기 교재의 특징 · 4

1과 하나님은 어떤 분이신가요? · 10

2과 왜 인간은 죄인인가요? · 27

3과 예수님만이 구원을 주시나요? · 48

4과 성경은 무엇을 말하고 있나요? · 62

5과 기도하면 정말로 들어주시나요? · 73

6과 교회는 무엇을 하는 곳인가요? · 85

7과 신앙생활은 어떻게 해야 하나요? · 98

1과
하나님은 어떤 분이신가요?

"참호에서는 무신론자가 없다."

| 생각 나누기 |

어느 공과 대학의 4학년생이 목사님에게 "하나님은 존재하지 않는다"라는 이론을 강력하게 주장하였다. 다 듣고 난 목사님은 조용히 물어 보았다.

"학생은 진정 모든 것을 다 알고 있다고 생각하는가?"

"조금 압니다."

"그래, 그러면 약 10%쯤 아는가?"

"아니요, 1%도 모릅니다."

"그래, 그러면 학생이 모르는 99% 속에 하나님의 존재가 계시지 않겠는가?"

Q. 하나님은 정말로 살아 계신가요?

| 코칭 노트 |

학생은 하나님께서 존재하지 않는지 그것도 모른다고 하였습니다. 그러나 하나님께서는 인간의 지식과 이해를 넘어선 분이십니다. 현세는 유한하며, 물질은 제한적이고 일시적인 축복을 제공하지만, 하나님은 영원하십니다.

| 말씀 나누기 |

1. 타종교와 기독교의 차이점은 무엇입니까?

1) 타 종교란 무엇입니까?

[사도행전 17:22]
바울이 아레오바고 가운데 서서 말하되 아덴 사람들아 너희를 보니 범사에 종교심이 많도다

종교란 "초월적인 존재에 대한 인간의 관심 이다."

| 코칭 노트 |

종교가 전혀 없는 사람은 없습니다. 만일 찾을 수 있다면 그들은 짐승에 지나지 않는 존재임을 곧 알 수 있을 것입니다. 기원후 1세기경 '영웅전'을 쓴 것으로 유명한 헬라의 플루타아크는 이렇게 말했습니다.

"나는 정부를 조직하지 못한 백성과 도시와 법률을 가지지 못한 민족은 많이 구경했어도 신과 신당을 가지지 못한 백성이나 민족을 본 적이 없다."

이렇듯 인간은 불가피하게 종교적인 존재입니다. 하나님이 모든 사람에게 생득적으로 즉, 나면서부터 '종교의 씨' 곧 하나님을 알 만한 감각(Sense of God)을 주셨을 뿐 아니라, 하나님의 창조하신 일과 섭리하시는 일 가운데 그의 신성과 능력을 나타내 보이셨기 때문입니다(롬 1:19-20). 우리가 눈만 제대로 뜨면 하나님을 더듬어 발견하여 믿을 수 있게 되어 있는 것입니다(행 17:26-27).

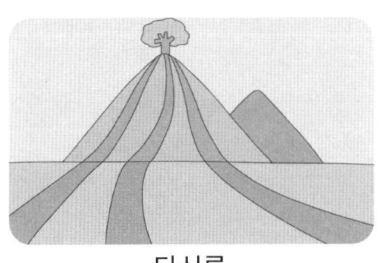
다신론

유일신론

| 코칭 노트 |

　요즈음 종교 다원주의가 유행하기 시작합니다. 기독교나 불교나 도교나 무속 종교나 무엇이든지 믿으면 구원을 받는다고 합니다. 어느 곳으로 가든지 정상에 도달한다는 것입니다.
　우리는 어떤 비난과 수난을 받더라도 종교 다원주의를 수용할 수 없습니다. 종교 다원주의는 멸망으로 가는 넓은 길입니다. 우리는 예수님을 믿어야 구원을 받는다는 그리스도의 유일 구원성을 주장하고 믿습니다. 이것은 좁은 길이지만 생명의 길이기 때문입니다.

| 예화 |

　서양의 한 선교사가 쓴 기록이 있습니다. 한번은 한 힌두교인에게 예수님을 증거했다고 합니다. 힌두교인은 관심을 보이며 그 신의 이름을 물었고 그 예수님을 믿겠노라고 했답니다. 선교사는 기뻐하며 고국에 한 영혼을 구했다고 편지를 썼습니다.
　그러나 그 기쁨도 잠시였습니다. 전도했던 그 힌두교인 집에 가 보았더니 2백여 신상들이 있는 가운데 예수님이라는 신상을 또 하나 만들어두었더라는 것입니다. 왜 그렇게 했냐고 물으니 수많은 신 중에서 하나쯤은 진짜가 걸릴 것이라고 생각하였다는 것입니다.
　그래서 인도에 3억의 신이 존재하고 있다고 합니다. 그러나 우리가 믿는 하나님은 유일신이십니다. 여러 신들 가운데 하나가 아니라 오직 신은 하나님 한 분밖에는 계시지 않습니다.
　사람이 신으로 섬기고 있는 그 외의 것들은 단지 인간이 만들어 놓은 허상에 불과할 뿐입니다.

2) 기독교란 무엇입니까?

[신명기 6:4]
이스라엘아 들으라 우리 하나님 여호와는 오직 유일한 여호와이시니

기독교란 "하나님께서 드러내신 뜻에 대한 인간의 반응으로 나타난 것"이다.

기독교에서 하나님의 뜻을 드러내는 것을 <u>계시</u>라고 한다.

❶ <u>모든</u> 사람들이 하나님을 알 수 있는 방식이 있습니다.

(일반 계시)

[로마서 1:20]

창세로부터 그의 보이지 아니하는 것들 곧 그의 영원하신 능력과 신성이 그가 만드신 만물에 분명히 보여 알려졌나니 그러므로 저희가 핑계하지 못할지니라

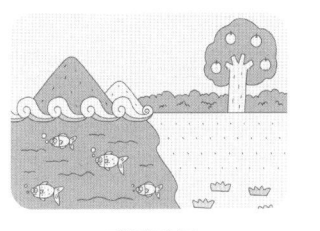
자연만물

역사적 사건

양심

| 코칭 노트 |

일반 계시란 이 세상에 있는 모든 사람들이 알 수 있도록 하기 위해 자연현상이나 역사적 사건, 모든 사람의 마음속에 있는 양심을 이용해서 하나님이 진리를 계시하시는 것입니다. 일반 계시는 그 대상이 인류의 모든 사람들입니다. 그러나 일반 계시로는 하나님의 온전하신 뜻(구원)을 알 수 없습니다.

❷ 믿는 사람만이 하나님을 알 수 있는 방식이 있습니다.

(특별 계시)

[요한복음 5:39]

너희가 성경에서 영생을 얻는 줄 생각하고 성경을 연구하거니와 이 성경이 곧 내게 대하여 증언하는 것이니라

예수 그리스도

성경 말씀

| 코칭 노트 |

인간의 죄로 말미암아 일반 계시를 통해서는 참 하나님의 뜻을 알 수 없기 때문에 특별 계시가 필요합니다. 일반 계시를 통해서 잘못 깨달은 것을 가지고 여러 종교들이 발생한 것입니다.

하나님이 구약의 선지자들과 신약의 사도들에게 여러 가지 방식으로 계시를 주셨는데(히 1:1-2) 이 계시를 성령께서 감동하여 선지자들과 사도들로 하여금 기록하게 하셨습니다. 이렇게 성령의 감동으로 기록된 하나님의 계시의 말씀이 성경입니다. 그래서 성경은 하나님의 계시의 책이요, 성령의 감동으로 기록된 점에서 하나님의 무위하고 무오한 말씀입니다.

하나님을 내가 만났기에 분명히 말씀 드릴 수 있습니다.

하나님을 만나지도 못한 사람이 하나님이 계시다고 주장하는 것은 거짓이요 남을 속이는 것이 됩니다. 하나님의 살아계심을 확실히 믿기에 하나님의 자녀로 살아가고 있습니다. 분명 저는 하나님을 만나 하나님을 섬기며 살아가고 있습니다.

2. 하나님은 어떤 분이신가요?

1) 하나님은 천지 만물을 만드신 <u>창조주</u> 이십니다.

[창세기 1:1]
태초에 하나님이 천지를 창조하시니라

| 코칭 노트 |

인간이 관측할 수 있는 가장 먼 별은 200억 광년 거리에 있는 별입니다. 200억 광년의 거리란, 1초에 30만 킬로미터를 날아갈 수 있는 빛이 200억 년 동안에 단 한 순간도 쉬지 않고 달려서야 도달할 수 있는 거리입니다. 이것은 인간의 과학에 의해 확인된 사실입니다. 이것을 만들 수 있는 유일한 분은 바로 하나님이십니다.

인간의 존재 근원을 두고 여러 가지 말들이 있습니다. 예컨대 진화론입니다.

그러나 어떤 과학자는 이처럼 신비하고 오묘한 인간이 저절로 생겼다는 것은 자동차가 폭발하여 산산조각이 나서 공중으로 날아갔다가 땅에 떨어지면서 저절로 조립되어 움직이는 것 이상으로 불가능한 일이라고 말합니다.

2) 하나님은 그의 아들을 보내신 구속주이십니다.

[요한복음 17:3]

영생은 곧 유일하신 참 하나님과 그가 보내신 자 예수 그리스도를 아는 것이니이다

| 코칭 노트 |

하나님을 아는 것이 영생이요 사람의 도리요 지혜입니다. 자식이 자기를 낳아서 길러준 부모를 알고 사랑하는 것이 마땅한 도리이듯이, 하나님의 자녀가 된 우리가 창조주요 구속주요 아버지이신 하나님을 알고 범사에 그분을 인정하는 것이 지혜요 도리인 것입니다.

3) 하나님은 천지 만물과 인간을 다스리시는 <u>통치자</u>이십니다.

[히브리서 1:3]

......그의 능력의 말씀으로 만물을 붙드시며

| 코칭 노트 |

모든 피조물과 그것들의 움직임을 보존하시고 통치하시는 것은 하나님의 행위입니다. 하나님은 공중의 새를 기르시고, 길가에 풀도 자라게 하시는가 하면(마 6:26-29), 각 짐승마다 각기 처소를 정하여 주어 살게 하시고(욥 39:26-30), 사람마다 경계를 정해 주시며(행 17:26), 자기의 사랑하는 자녀들을 특별하게 보호하십니다(마 6:31-31). 그리고 세상 나라의 흥망성쇠도 주관하십니다(단 4:17). 이렇게 하나님의 섭리는 사랑과 지혜와 능력으로 피조세계를 보존하고 통치하는 것입니다.

3. 하나님을 믿으면 얻게 되는 실제적인 유익은 무엇입니까?

1) 삶의 <u>중압감</u> 에도 강할 수 있습니다.

[다니엘 11:32]

그가 또 언약을 배반하고 악행하는 자를 속임수로 타락시킬 것이나 오직 자기의 하나님을 아는 백성은 강하여 용맹을 떨치리라

| 코칭 노트 |

아무리 강한 세력이 공격을 한다 해도 전능하신 하나님이 함께하시면 연약한 인간은 강하고 담대할 수 있습니다.

하나님을 믿는 자는 사자처럼 용맹하여, 비록 포로의 신세가 되어 있고 죽음의 위협이 있어도 죽기를 무서워하지 않습니다.

2) 시련 가운데서도 <u>평안</u> 합니다.

[야고보서 1:3]

이는 너희 믿음의 시련이 인내를 만들어 내는 줄 너희가 앎이라

| 코칭 노트 |

'영적 교육을 하는 학교'에도 기말시험과 다른 종류의 시련들이 있습니다. 이 학교의 '교장 선생님'은 하늘에 속한 우리 아버지이십니다. 그분은 우리를 위해서 여러 가지 시련과 시험을 안배하십니다. 이 모든 시련들은 우리에게 유익합니다. 기말시험이 학생들에게 유익하듯 우리가 그리스도인으로서 당하는 많은 시련들도 우리에게 유익합니다.

3) 인생의 여행을 위한 좋은 <u>친구</u> 를 얻습니다.

[요한복음 15:14]
너희는 내가 명하는 대로 행하면 곧 나의 친구라

| 코칭 노트 |

사람들은 언제든지 변합니다. 시시각각 변합니다. 그러나 예수님은 언제나 변함없는 우리의 좋은 친구입니다.

4) 불확실 속에서도 <u>확신</u> 을 갖습니다.

[데살로니가전서 1:5]

이는 우리 복음이 너희에게 말로만 이른 것이 아니라 또한 능력과 성령과 큰 확신으로 된 것임이라

| 코칭 노트 |

현대를 '불안과 공포의 시대'라고 합니다. 사회가 복잡다단해지고 첨단기술이 발달할수록 인간의 내면은 흔들리고 심리는 더욱 복잡해지고 있습니다. 그리고 '불확실한 시대'라고 합니다.

사실 어느 시대, 어떤 곳이든지 우리 모두가 공통적으로 경험하고 있는 생활감정 가운데 하나가 "불안"입니다. 그러나 하나님께서 우리와 함께하심을 확신한다면 결코 흔들리거나 넘어지지 않습니다.

5) <u>지혜</u> 와 <u>총명</u> 을 얻습니다.

[잠언 1:7]

여호와를 경외하는 것이 지식의 근본이거늘 미련한 자는 지혜와 훈계를 멸시하느니라

| 코칭 노트 |

하나님을 진심으로 경외하는 것이 이 세상에서 얻지 못한 지혜와 총명을 소유하게 합니다.

6) 영적 <u>능력</u> 과 <u>권세</u> 를 얻습니다.

[로마서 1:16]
내가 복음을 부끄러워하지 아니하노니 이 복음은 모든 믿는 자에게 구원을 주시는 하나님의 능력이 됨이라

| 코칭 노트 |

하나님이 우리에게 주시는 것은 두려워하는 마음이 아니고 강한 능력입니다(딤후 1:7). 또한 그리스도의 십자가의 복음이 하나님의 능력이기에 십자가를 믿는 자에게 하나님의 능력을 주심은 지극히 당연합니다.

7) <u>감사</u> 와 <u>만족</u> 이 있습니다.

[데살로니가전서 5:18]

범사에 감사하라 이것이 그리스도 예수 안에서 너희를 향하신 하나님의 뜻이니라

| 코칭 노트 |

하나님을 믿는 사람은 범사에 감사하게 되는 것입니다. 이로써 삶이 건강하고 윤택해집니다. 은혜와 평강으로 하나님께서 복을 주십니다. 우리가 하나님으로 말미암아 풍성한 삶을 누리게 됩니다.

| 예화 |

　네로 황제는 로마의 통치자로 15년 동안 군림하였습니다. 그는 자기 자신만을 위해 산 사람의 대표적 인물입니다. 그러기에 그는 타인에게 해를 끼친 포악한 삶을 살았습니다. 그가 살던 왕궁은 복도의 길이만도 1마일이나 되는 대궁궐이었습니다.

　궁궐 안의 모든 벽은 상아와 자개로 장식되었고 천장에는 값진 향수를 뿌리는 샤워 장치가 부착되어 있었습니다. 그가 쓴 왕관은 10만 불이 넘었으며 그가 입던 옷은 너무나 많아서 한 번 입은 옷은 두 번 다시 입지 않았습니다. 그는 수많은 미녀들에게 둘러 싸여서 세월이 가는 줄 모르고 향락을 즐겼으며 그 앞에서는 이 세상의 온갖 희한한 게임과 예술 사건들이 쉼없이 연출되었습니다. 그러나 그에게는 만족이 없었고, 결국 자살하고 말았습니다.

　이에 비해 바울을 봅시다. 그리스도를 알기 전에는 세상에 대한 야심과 집착으로 살았으나 그리스도를 안 후에는 이 세상의 모든 부귀와 영화를 분토처럼 버리고 그리스도의 영광만을 위하여 살았습니다. 그는 "현재의 고난은 장차 올 영광과 족히 비교할 수 없다."고 했습니다.

| 은혜 나누기 |

1. 이 과를 통해 가장 마음에 와닿는 말씀은 무엇입니까?

2. 그 말씀을 붙잡고 어떻게 실천할 것입니까?

3. 다함께 은혜의 말씀과 실천해야 할 일을 위해 기도합시다.

2과
왜 인간은 죄인인가요?

"죄를 짓기 때문에 죄인이 아니라, 죄인이기 때문에 죄를 짓는다."

| 생각 나누기 |

유명한 스님이 10년간 앉아서 잠을 잤습니다. 그는 죄를 이기려고 20년간 생식을 하였습니다. 더욱 놀라운 것은 옷 한 벌을 가지고 무려 50년간을 입었습니다. 욕심의 죄를 없애려고 의도하였습니다. 더욱 신기하다 싶은 것이 있습니다. 이쑤시개 한 개로 30년을 사용하였다는 것입니다.

그가 죽었을 때 사리기 13개 나왔습니다. 그토록 고행을 하면서 죄를 이겨 보려고 한 유명한 스님이 죽으면서 한 말은 우리를 몹시 놀라게 합니다.

"내가 죄를 이겨 보려고 이렇게 극기하고 수행을 하였다. 그러나 아직도 해결하지 못한 죄가 수미산보다 높아서 내가 죽으면 아비규환 지옥에 들어가게 될 것이다." 수미산은 불교의 전설적인 산인데 112만km라고 합니다. 아비규환 지옥은 불교에서 가장 무서운 지옥이라고 합니다. 그 스님은 죽어서 지옥에 갔습니다. 자기가 그렇게 말했습니다.

Q. 유명한 스님은 왜 이런 말을 했을까요?

| 말씀 나누기 |

1. 철학과 기독교의 차이점은 무엇입니까?

[사도행전 26:5]
일찍부터 나를 알았으니 그들이 증언하려 하면 내가 우리 종교의 가장 엄한 파를 따라 바리새인의 생활을 하였다고 할 것이라

철학

기독교

철학(소크라테스)	기독교(예수님)
"너 자신을 알라"	"하나님을 먼저 알라"

| 코칭 노트 |

철학은 소크라테스의 "너 자신을 알라."에서부터 시작합니다. 그렇기 때문에 해답이 나오질 않는 것입니다. 그러나 신학은 "하나님을 먼저 알라."에서부터 시작합니다. 그렇기 때문에 복잡한 인생의 해답이 나오는 것입니다.

성경은 "하나님을 먼저 알라"를 가르친 후 "너 자신을 알라"를 가르쳐 확실한 문제의 답을 가르쳐 줍니다.

"인간은 하나님의 얼굴을 바라보지 않는 한 인간 자신이 누구인지 결코 알 수 없다. 하나님을 알 때 비로소 자신이 어떤 존재인지를 정밀하게 숙고할 수 있게 된다."

2. 기독교는 인간을 어떻게 이해하고 있습니까?

1) 하나님의 형상을 따라 <u>창조된</u> 인간입니다.

[창세기 1:26-27]

[26] 하나님이 가라사대 우리의 형상을 따라 우리의 모양대로 우리가 사람을 만들고 그들로 바다의 물고기와 하늘의 새와 가축과 온 땅과 땅에 기는 모든 것을 다스리게 하자 하시고 [27] 하나님이 자기 형상 곧 하나님의 형상대로 사람을 창조하시되 남자와 여자를 창조하시고

영혼 선재설	미리 있었다.
영혼 유전설	유전 되었다.
영혼 창조설	창조 되었다.

| 코칭 노트 |

인간이 하나님의 형상을 따라 지음을 받았다는 말은 하나님께서 인간의 육신을 자기의 형상대로 지으셨다는 것이 아니라 하나님께서 인간의 영혼을 자신의 형상을 따라서 이성적이고 도덕적인 존재로 지으셨다는 뜻입니다.

① 하나님의 영광 을 위해 살도록 하기 위함입니다.

| 코칭 노트 |

사람의 제일 되는 목적이 무엇이냐 하는 것은 사람이 무엇 때문에 사느냐 하는 말입니다. 하나님의 인간 창조와 구속의 목적은 하나님의 영광을 드러내기 위해서입니다.

에베소서 1장에 보면 하나님이 창세 전에 그리스도 안에서 우리를 택하시고 그리스도의 피로 우리를 구속하시고 성령으로 하나님의 자녀 삼으시고 우리를 인쳐주신 삼위일체 하나님의 구원의 은혜가 우리에게 입혀진 목적은 "하나님의 은혜의 영광을 찬송하게 하려는 것"(엡 1:6)이라고 했습니다.

하나님께 찬양과 영광을 돌리는 것이 하나님을 영화롭게 하는 것입니다. 하나님께 원망과 욕을 돌려드리고 근심과 염려로 하나님의 영광을 가리고 사는 것은 인생의 제일 되는 목적을 망각하고 상실한 사람의 삶입니다.

하나님게 영광 돌리는 것을 사람의 제일 되는 목적으로 삼고 살아야 하는 것을 웨스트민스터 소요리 제일 문답에서 가르치고 있습니다.

② 하나님의 복 을 누리며 살도록 하기 위함입니다.

| 코칭 노트 |

하나님께서 그리스도 안에서 우리에게 주시는 이 신령한 복들은 무엇일까요? 계속되는 4-14절이 이것들을 설명하고 있습니다. 그것은 과거(4-6절), 현재(7-12절), 미래(13-14절)에 관계됩니다. 과거의 축복은 하나님의 선택이요, 현재적 축복은 예수 그리스도 안에서 그의 피로 말미암은 구속이요, 미래의 축복은 성령의 인치심으로 보장된 기업입니다.

③ 하나님과 <u>동행</u> 하도록 하기 위함입니다.

| 코칭 노트 |

사람은 하나님이 내주하시는 하나님의 거처입니다(요 14:23).
그리스도의 피로 값 주고 사신 까닭에 하나님의 성전입니다(고전 3:16). 그래서 하나님과 늘 함께하고 하나님의 면전에서 살게 하려고 (창 17:1) 하나님이 사람을 창조하셨습니다.

2) 하나님 말씀에 불순종함으로 인해 <u>범죄한</u> 인간입니다.

[로마서 5:12]

이러므로 한 사람으로 말미암아 죄가 세상에 들어오고 죄로 말미암아 사망이 들어왔나니 이와 같이 모든 사람이 죄를 지었으므로 사망이 모든 사람에게 이르렀느니라

| 코칭 노트 |

창조주 하나님께서 주권적으로 모든 인간의 대표인 아담에게 "선악과 먹지 말고 명령을 지키면 영생을 주시겠다."라는 약속을 하셨습니다. 하지만 순종을 조건으로 하는 "행위의 약속"이 파괴되었습니다. 그

로 인해 인간은 영생하지 못하고 하나님의 형상으로서 가지고 있던 능력을 온전하게 행사할 수 없게 되었습니다.

아담의 죄는 인류에게 유전되었고 사람은 태어날 때부터 죄인이 되었습니다. 우리 모두는 "불순한 씨에서 태어나며", "죄의 오염에 감염된 채"로 태어납니다.

이런 부패한 본성은 결코 우리 안에서 멈추지 않으며 "마치 타오르는 화로가 화염과 불꽃을 뿜어내는 것이나 혹은 물이 샘으로부터 끊임없이 거품을 뿜어내는 것과 같이" 계속적으로 육의 새 열매를 맺습니다.

① 죄는 <u>순종</u> 이 부족하다는 말입니다.

| 코칭 노트 |

즉, 하나님의 법에 따라 살지 않는 것을 의미합니다. 해야 할 것을 하지 않는 것이라든지 하지 말아야 할 것을 하는 것을 말합니다. 완벽한 순종을 행한 인간은 오직 주 예수 그리스도뿐이었습니다. 죽기까지 순종하시어 아버지의 뜻을 이루셨습니다. 그렇기 때문에 우리가 항상 회개해야 할 이유가 여기에 있습니다.

② 죄는 주님의 법을 <u>위반</u> 하는 것입니다.

| 코칭 노트 |

곧 불법을 말합니다. 위반한다는 것은 법이 정한 경계를 넘어가는 것입니다. 죄란 그 경계선을 무시하는 것이기 때문에 죄를 종종 '침해'라고 말합니다. 다니지 말아야 할 곳을 다니거나 하지 말아야 할 것을 하는 이것이 죄입니다.

③ 죄는 이성적인 피조물에 의해서 저질러지는 <u>악한 행위</u> 입니다.

| 코칭 노트 |

하나님의 형상으로 지음을 받은 자이기 때문에 인간은 자유롭게 행동할 수 있습니다. 그러나 양심에 그르다는 것을 알면서도 행하는 것은 하나님의 법을 불순종 하는 것이요 곧 죄를 짓는 일입니다.

3) 예수 그리스도를 통해서만 <u>구원 받은</u> 인간입니다.

[로마서 5:1]

그러므로 우리가 믿음으로 의롭다 하심을 받았으니 우리 주 예수 그리스도로 말미암아 하나님과 화평을 누리자

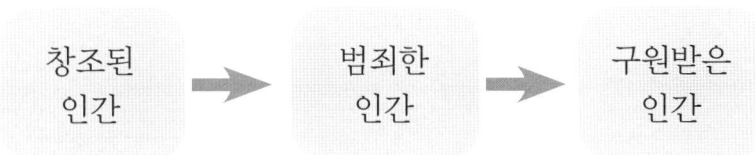

| 코칭 노트 |

행위와 율법을 지킴으로 구원을 받을 수 없으므로 믿음으로 구원을 받은 인간은 은혜로 하나님과의 교제를 회복해 가는 상태에 있습니다. 은혜로 교제를 회복해 간다는 의미는 오직 성령에 의해 예수님께서 완성하신 십자가의 구원을 심령 속에 적용시키시며 이 땅에서 날마다 그리스도를 닮아가는 성화로 이끌어 간다는 의미입니다.

3. 죄의 3가지 종류는 무엇입니까?

1) 사람이 태어날 때부터 가지는 죄인으로서의 신분과 상태를 <u>원죄</u> 라고 합니다.

[로마서 3:10-12]

¹⁰ 기록한 바 의인은 없나니 하나도 없으며 ¹¹깨닫는 자도 없고 하나님을 찾는 자도 없고 ¹² 다 치우쳐 함께 무익하게 되고 선을 행하는 자는 없나니 하나도 없도다

| 코칭 노트 |

일반적으로 사전에서는 죄를 범죄, 악, 일반적 도덕의 위반, 종교나 사회적 규범의 위반이라고 정의하고 있습니다. 그러나 성경으르 보면, 죄는 행위나 상태에 있어서 하나님의 뜻과 일치하지 않는 것으로서 영적으로 하나님을 떠나 있는 상태(분리)를 말합니다(창 3:1-6).

사람은 모두가 죄인이라는 말입니다. 이는 모두가 실제로 경험을 통해서 확인하고 있는 바입니다. 왜 한 사람도 예외 없이 모두 지를 범하고 있는 것입니까? 그것은 사람들에게 본성적으로 죄의 쓴뿌리가 있기 때문입니다. 우리는 이 쓴뿌리를 '원죄'라고 부릅니다. 이 죄를 원죄라고 부르는 이유는 다음과 같습니다.

- 이 죄는 우리들 각자가 범한 죄가 아니라 인류의 시조인 아담이 범한 죄이기 때문입니다. 아담은 인류의 조상이요, 대표자입니다. 그러므로 아담의 죄는 온 인류에게 악영향을 미쳐서 모든 사람들로 하여금 죄를 범하게 만듭니다.

- 이 죄는 우리가 나기 전부터 선천적으로 가진 죄이기 때문입니다. 원죄는 후천적으로 얻어지는 죄가 아닙니다.

-모든 자범죄는 원뿌리가 되기 때문입니다.

사람들은 누구나 죄라는 말을 싫어합니다. 미국의 해몬드 제일침례교회는 미국에서 주일학교가 가장 큰 교회입니다. 그 교회의 예배당 강단에는 방탄유리가 놓여 있습니다.

목사가 죄에 대해서 자주 책망하는 설교를 해서 총으로 목사를 쏜 사건이 두 번씩이나 있었습니다. 결국 목사를 보호하기 위해서 방탄유리를 놓아야 했습니다. 그러나 그 교회는 미국에서 가장 부흥하는 교회 중에 하나입니다. 사람들은 죄라는 말을 싫어하면서 동시에 죄의 문제를 해결하기를 원합니다. 그래서 죄를 설교하는 곳인 교회에 가는 것입니다.

2) 원죄로부터 나오는 모든 죄악들을 <u>자범죄</u> 라고 합니다.

[갈라디아서 5:19-21]

[19] 육체의 일은 분명하니 곧 음행과 더러운 것과 호색과 [20] 우상 숭배와 주술과 원수 맺는 것과 분쟁과 시기와 분냄과 당짓는 것과 분열함과 이단과 [21] 투기와 술 취함과 방탕함과 또 그와 같은 것들이라 전에 너희에게 경계한 것 같이 경계하노니 이런 일을 하는 자들은 하나님의 나라를 유업으로 받지 못할 것이요

| 코칭 노트 |

자범죄는 '인간이 자신의 신체를 이용하여 외부적으로 짓는 죄'와 '원죄로부터 나오는 모든 의식적인 죄와 관련된 생각들'입니다.

원죄는 원인이고 자범죄는 결과라는 점에서 차이가 있고, 원죄는 모든 사람들이 인정하지는 않지만 자범죄는 일반적으로 시인된다는 점에서 차별성이 있습니다.

그리고 원죄 또한 인간이 하나님의 법을 위반한 상태이기 때문에 그에 대한 형벌이 따르는 죄책을 포함하지만 자범죄를 지었을 때 더 큰 죄책이 따른다는 점에서 다르다고 할 수 있습니다.

3) 성령의 역사를 훼방하는 것이 <u>용서</u> 받지 못할 죄입니다.

[마태복음 12:31-32]

³¹ 그러므로 내가 너희에게 이르노니 사람에 대한 모든 죄와 모독은 사하심을 얻되 성령을 모독하는 것은 사하심을 얻지 못하겠고 ³² 또 누구든지 말로 인자를 거역하면 사하심을 얻되 누구든지 말로 성령을 거역하면 이 세상과 오는 세상에서도 사하심을 얻지 못하리라

| 코칭 노트 |

그리스도께서 우리의 죄사함을 위한 속죄제물이 되셨습니다. 우리는 그리스도 안에서 죄의 용서함을 받습니다. 그 용서에는 예외가 없습니다. 무식죄만 아니라 지식죄도 용서를 받습니다. 연약한 죄만 아니라 고범죄도 용서를 받습니다. 제 아무리 주홍 같은 죄라도 다 양털같이 사함을 받습니다. 하나님께서는 우리의 막중한 죄라도 동에서 서가 먼 것처럼 기억도 하지 않으십니다. 그러나 성경에는 용서받지 못할 죄가 있다고 말씀하고 있습니다. 용서받지 못할 죄란, 실상은 구원을 받지 못했으면서도 성도라는 이름을 가지고 있는 사람들이 성령의 역사인 줄을 알면서도 고의적으로 그 역사를 방해하면서 끝까지 회개하기를 거절하는 죄라고 할 수가 있습니다.

4. 범죄로 인해 관계는 어떻게 깨어졌습니까?

1) <u>하나님</u> 과의 관계가 깨어졌습니다.

[요한복음 3:20]
악을 행하는 자마다 빛을 미워하여 빛으로 오지 아니하나니 이는 그 행위가 드러날까 함이요

| 코칭 노트 |

죄를 범하면 빛이신 하나님께로 나아가는 대신에 하나님을 멀리하고 도망치려 합니다. 하나님께서 창조하신 목적을 따라 하나님께서 기뻐하시는 존재로 이 세상에서 살고, 온 창조세계를 하나님의 대리인처럼 영광스럽게 다스리며 하나님을 기뻐하는 지위를 잃어버리게 된 것입니다.

그리고 모든 인간으로 하여금 참으로 인간으로서 살아가게 하는 하늘자원이 공급되는 통로가 막혀 버리게 된 것입니다. 이것이 바로 영혼의 생명이 박탈된 죽음의 상태입니다.

2) <u>자신</u> 과의 관계가 깨졌습니다.

[로마서 7:24]

오호라 나는 곤고한 사람이로다 이 사망의 몸에서 누가 나를 건져내랴

| 코칭 노트 |

사람이 죄를 범하면 하나님의 형상으로서 영적 자질이 오염되어 마음이 허무해지고 곤고해지며, 이로 인하여 뼈가 마르고(잠 17:22) 병약해집니다(잠 18:4).

사람이 하나님의 말씀을 거역하면 그분의 뜻과 권위를 멸시하며 흑암과 사망의 그늘에 앉으며 곤고와 쇠사슬에 매이는 것입니다(시 107:10-11). 죄악의 연고로 고난을 당하고(시 107:17), "오호라 나는 곤고한 사람이로다 이 사망의 몸에서 누가 나를 건져내랴"(롬 7:24) 하며 탄식합니다.

3) <u>이웃</u> 과의 관계가 깨졌습니다.

[창세기 4:9]

여호와께서 가인에게 이르시되 네 아우 아벨이 어디 있느냐 그가 이르되 내가 알지 못하나이다 내가 내 아우를 지키는 자니이까

| 코칭 노트 |

장소가 아닌 관계성을 말합니다. 인간은 하나님을 속일 수 없습니다. 가인 자신은 아벨의 행방에 대해 아무것도 모른다는 강력한 부인과 더불어 자신은 동생 아벨에 대하여 관심과 사랑을 가질 필요조차 없다고 오만 불손하게 하나님께 대들고 있는 것입니다.

하나님에 대한 인간의 책임회피, 직무유기입니다. 죄를 범해서 자꾸 한 걸음 두 걸음 들어가면 결국 이렇게 됩니다. 그래서 죄는 문간에서 엎드리고 있을 때 잡아야 합니다. 일단 한 발 들여놓으면 문제가 복잡해집니다.

죄로 말미암아 인간관계가 파괴되어 가는 역사는 그들의 처음 자손들의 이야기에서 나타납니다. 두 사람이 낳은 아들 가인은 동생 아벨을 죽이는 첫 살인자가 되었고, 아담과 하와는 처음으로 죽음을 경험하여야 했습니다. 그리고는 가족과의 이별을 경험하는 첫 사람이 되었습니다.

이렇게 관계의 파괴는 아담의 후손들에게로 이어졌습니다. 왜냐하면 그것은 하나님과의 깨어진 관계에서 비롯된 것이었고, 그러한 죄는 그 후손들에게 예외 없이 전해졌기 때문입니다.

4) <u>자연</u> 과의 관계가 깨졌습니다.

[창세기 3:16-19]

¹⁶ 또 여자에게 이르시되 내가 네게 임신하는 고통을 크게 더하리니 네가 수고하고 자식을 낳을 것이며 너는 남편을 원하고 남편은 너를 다스릴 것이니라 하시고 ¹⁷ 아담에게 이르시되 네가 네 아내의 말을 듣고 내가 네게 먹지 말라 한 나무의 열매를 먹었은즉 땅은 너로 말미암아 저주를 받고 너는 네 평생에 수고하여야 그 소산을 먹으리라 ¹⁸ 땅이 네게 가시덤불과 엉겅퀴를 낼 것이라 네가 먹을 것은 밭의 채소인즉 ¹⁹ 네가 흙으로 돌아갈 때까지 얼굴에 땀을 흘려야 먹을 것을 먹으리니 네가 그것에서 취함을 입었음이라 너는 흙이니 흙으로 돌아갈 것이니라 하시니라

| 코칭 노트 |

죄를 범하게 되면 우리는 몸에 악과 고통이 생겨납니다. 하와의 경우 임신과 해산할 때 고통과 수고가 따르며(창 3:16), 아담의 경우는 일하는 것이 힘들어 골병이 듭니다(창 3:17). 그리고 사람은 죽음을 맞이합니다(창 3:19). 또한 죽음과 더불어 많은 질병에 시달립니다(사 1:6).

죄를 범하면 우리의 몸이 질병으로 악과 고통을 당할 뿐 아니라, 땅이 저주를 받아 엉겅퀴가 나고 황폐해지며(창 3:17-18) 자연환경이 크게 오염됩니다(창 12:10).

이렇듯 땅이 저주를 받아 황폐해진 까닭에, 사람들이 힘들게 일하고 수고함으로 삶에 낙을 잃습니다(창 5:29).

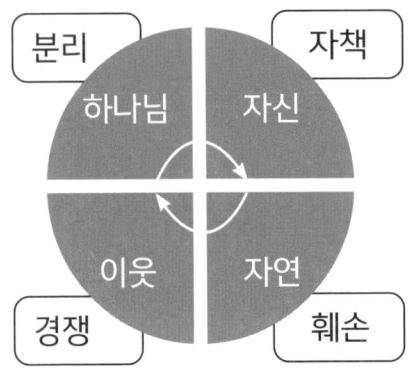

5. 인간은 스스로 구원할 수 있습니까?

[요한복음 3:16-17]

¹⁶ 하나님이 세상을 이처럼 사랑하사 독생자를 주셨으니 이는 그를 믿는 자마다 멸망하지 않고 영생을 얻게 하려 하심이라 ¹⁷ 하나님이 그 아들을 세상에 보내신 것은 세상을 심판하려 하심이 아니요 그로 말미암아 세상이 구원을 받게 하려 하심이라

1) what : 하나님께서 세상을 사랑하셨다.

2) how : 독생자를 주시기까지

3) for : 저를 믿는 자가 영생을 얻게 하기 위해서

4) who : 누구든지

5) not for : 멸망치 않도록

| 코칭 노트 |

하나님께서는 인류 구원을 위하여 독생자 예수 그리스도를 십자가에 내어주사 양손을 펼치고 그 손에 못을 박아 죽기까지 하는 사랑을 "이처럼"이라 한 것입니다.

| 예화 |

희망의 노래

　1955년 쉰 살이 넘은 여자 가수가 흑인으로서는 처음으로 메트로 폴리탄에 출연, 관중을 감동 속에 몰아넣는 노래를 불렀습니다. 필라델피아의 가난한 가정에서 태어난 이 여자 가수는 흑인에 대한 편견과 차별 속에 성장하면서도 언제나 희망을 잃지 않고 노래해 결국 세계 정상에 우뚝 섰습니다. 그녀의 이름은 마리안 앤더슨, 그녀는 그날 이렇게 말했습니다.

　"견디기 어려운 일을 만날 때마다 언제나 제 시선은 고난과 부활의 예수 그리스도께로 향했지요. 제 아픔은 오직 예수님만이 아십니다."

　예수님은 부유하거나 권세 있는 가문에서 태어나지 않으셨지만, 아기 왕으로 태어나셔서 소년 때는 박사들과 토론하셨고, 어른이 되어서는 인류역사에 어떤 사람보다도 많은 영향력을 끼치셨습니다. 그는 국가나 군대를 지휘하지 않으셨지만 알렉산더 대왕이나 나폴레옹보다 더 많은 사람들이 따랐습니다. 그분은 책을 쓰신 적이 없지만 많은 책과 노래, 시 그리고 모든 예술 분야에 많은 학교들(하버드, 예일, 프린스톤, 옥스퍼드, 캠브리지, 연세대학 등)이 세워졌습니다. 예수 그리스도, 그분은 어떤 분이실까요?

| 은혜 나누기 |

1. 이 과를 통해 가장 마음에 와닿는 말씀은 무엇입니까?

2. 그 말씀을 붙잡고 어떻게 실천할 것입니까?

3. 다함께 은혜의 말씀과 실천해야 할 일을 위해 기도합시다.

3과
예수님만이 구원을 주시나요?

"예수의 죽으심은 죄에 대한 하나님의 분노의 표시요,
예수의 사심은 하나님의 사랑과 용서하심의 증명이다."

| 생각 나누기 |

한국이 자랑하는 세계적인 학자가 있었습니다. 그분은 한동대학교 총장인 김영길 박사입니다. 그는 미국에서 유학하는 중에 부인을 따라 교회에 나갔습니다. 그러나 도대체 예수님이 누구신지 알 수가 없었습니다. 그리고 왜 예수님을 꼭 믿어야 되는지 몰랐습니다.

아무리 교회에 가서 앉아 있어도 그 문제에 대한 해답을 얻을 수가 없었습니다. 창세기부터 요한계시록까지 열심히 읽기도 하고 유명하다는 기독교서적을 산더미처럼 쌓아놓고 읽어 보았습니다.

어느날 저녁, 6시부터 11시까지 성경과 신앙 서적을 펴놓고 읽는 중에 갑자기 마음에 깨달음이 왔습니다. 우리는 다 죄인이기 때문에 죄인을 구원하려면 죄 없는 누군가가 대신 죽어야 하고, 죄인을 대신해 죽기 위해서는 반드시 사람이 죽어야만 합니다. 하지만 신이신 하나님께서 죄인을 위해 대신 죽을 수 없습니다. 사람이 아니시니까요.

그러므로 하나님께서 그분의 아들 예수를 세상에 보내셔서 사람이 되게 하셨고, 예수님은 인간으로서 나를 위해 십자가에 달려 죽으신 것입니다.

이 진리를 갑자기 깨닫는 순간 그의 어두운 마음이 환하게 밝아졌습니다. 그는 벌떡 일어나 자기 부인을 불러 놓고 자기가 깨달은 것을 이야기 했습니다. 그리고 두 사람은 손을 잡고 기도를 드렸습니다.

그 순간이 김영길 박사가 거듭나는 시간이었습니다. 아침에 출근을 하면서 자동차의 핸들을 잡고 가는데, 하늘이 달라 보였습니다. 어제 본 하늘이 아니었습니다. 모든 것이 새로웠고 이전과는 다르게 느껴졌습니다. 왜냐하면 새 생명으로 태어났기 때문입니다.

Q. 예수님 믿기 전과 믿은 후의 삶이 어떻게 변화가 되었습니까?

| 말씀 나누기 |

1. 예수님은 살아 계신 <u>하나님의 아들</u> 이십니다.

[마태복음 16:15-16]
15 이르시되 너희는 나를 누구라 하느냐 16 시몬 베드로가 대답하여 이르되 주는 그리스도시요 살아계신 하나님의 아들이시니이다

1) <u>예수님</u>은 자기 백성을 죄에서 구원할 자입니다.

| 코칭 노트 |

"자기 백성을 죄에서 구원할 자" 즉, "구세주"라는 뜻이 있습니다. 우리의 구속주요 중보자이신 그분이 예수라는 이름으로 불린 것은 그가 자기 백성을 저희 죄와 사망에서 구원하실 자이기 때문입니다.

2) <u>그리스도</u>는 기름 부음을 받은 자이십니다.

| 코칭 노트 |

"메시아" 즉, 유대적 호칭으로서 하나님의 백성들을 구원하도록 특별히 임명되고 "기름 부음을 받은 자"라는 뜻입니다.

구약에서 메시아 곧 기름 부음 받은 자는 하나님에 의해 특별한 직무와 능력을 부여받아 선별된 자입니다. 예수는 성령과 능력으로 기름 부음 받은 하나님의 아들이십니다.

3) <u>주</u>는 천지에 머리되심이십니다.

| 코칭 노트 |

바울의 복음전파의 핵심은 그리스도 예수의 주되심(Lordship)이었습니다. 예수의 주되심(Lordship)은 첫째로, 그가 천지에 대하여 절대 주권을 가지고 계신 것(마 28:18, 요 3:35)과 둘째로, 그의 영원성과 편재성(마 28:20) 셋째로, 산 자와 죽은 자들에 대한 심판권(요 5:22)을 가지고 계신 것 등을 보아 확실합니다.

4) <u>하나님의 아들</u>은 인성과 신성을 가지신 분이십니다.

| 코칭 노트 |

예수님은 본래 하나님이셨으나, 우리 인생을 죄에서 구원하시기 위하여 이 세상에 죄 있는 육신의 모양(본질이 아닌)으로 오신 인류의 구주이십니다. 예수님은 하나님의 성품인 신성과 사람의 성품인 인성을 가지신 하나님이시면서 완전한 사람입니다.

예수가 하나님의 아들이신 것은 단순히 하나님께로부터 존재하게 되었다는 것을 뜻하기보다는 능력과 영원성에 있어서 하나님 아버지와 동등하심을 뜻합니다.

예수 그리스도는 하나님의 유일한 아들로서 성부와 동등하시고, 구약에서 여호와가 '주'이시듯이 신약에서는 예수님이 바로 그 '주'이시며, 따라서 그는 우리의 유일하신 하나님, 다스리시는 하나님, 구주 하나님이십니다.

2. 예수님은 이 땅에 <u>구세주</u> 로 오신 분이십니다.

1) 예수님은 우리의 <u>죄</u> 를 위해 십자가에 죽으셨습니다.

[요한일서 4:10]
사랑은 여기 있으니 우리가 하나님을 사랑한 것이 아니요 하나님이 우리를 사랑하사 우리 죄를 속하기 위하여 화목 제물로 그 아들을 보내셨음이라

| 코칭 노트 |

예수님은 하나님이 보내신 '화해의 도구'였습니다. 하나님은 인간의 죄를 인간에 돌리지 않으셨습니다. 하나님은 죄를 알지도 못한 순결한 양과 같은 예수님으로 하여금 우리를 대신하여 죄를 짊어지게 하셨습니다. 이것이 바로 우리를 향한 하나님의 사랑입니다.

2) 예수님은 우리의 영생을 위해 삼일 만에 부활하셨습니다.

[고린도전서 15:20]
그러나 이제 그리스도께서 죽은 자 가운데서 다시 살아나사 잠자는 자들의 첫열매가 되셨도다

| 코칭 노트 |

어느 이슬람교도가 그들 종교의 창시자인 마호메트의 무덤이 있는 메카를 자랑하였습니다. 그 무덤을 자랑스럽게 생각하던 그는 기독교인에게 "너희에게는 이러한 무덤이 있느냐?"라고 도전하였습니다.

그러자 기독교인은 "우리들은 빈 무덤을 자랑한다. 우리 주님은 부활하셔서 오늘도 살아계시다."라고 대답했습니다.

그리스도는 죽지 않았었거나 또는 죽었으나 부활하지 않은 것을 부활한 것처럼 꾸민 것이 아닙니다. 그분은 완전히 죽어서 죽음 가운데 있다가 거기서 죽음의 권세를 이기시고 부활하신 것입니다. 주님이 첫 열매로서 부활하셨다는 사실은 곧이어 모든 성도들이 그리스도의 부활을 따라 부활할 것을 암시합니다.

3) 예수님은 이 세상을 <u>심판</u> 하시기 위해 다시 오실 것입니다.

[데살로니가전서 1:10]
또 죽은 자들 가운데서 다시 살리신 그의 아들이 하늘로부터 강림하실 것을 너희가 어떻게 기다리는지를 말하니 이는 장래의 노하심에서 우리를 건지시는 예수시니라

| 코칭 노트 |

예수 그리스도는 자신을 믿는 자들이 상실한 마음에 방치되어 완악한 상태로 살아가지 않도록 끊임없이 은혜를 부어주심으로써 그들을 진노에서 건지십니다.

또한 장차 최후 심판의 자리에서 모든 인류에 대한 재판이 벌어질 때, 그들에 대해 변호하심으로써 그들로 영원 복락을 누리게 하십니다. 데살로니가 교인들은 이러한 예수 그리스도의 재림을 고대하며 살아가고 있었던 것입니다.

예수 그리스도는 다시 이 세상에 오실 것입니다. 이것을 '재림'이라고 합니다. 몇 년, 몇 일, 몇 시, 언제 오실지는 아무도 모르지만 반드시 다시 오시겠다고 약속하셨습니다.

이제는 심판하시기 위해서 이 세상에 다시 오실 것입니다. 우리는 이 약속을 믿고 오늘도 그분의 재림을 학수고대하고 있는 것입니다.

3. 죄를 <u>회개</u> 하고 예수님을 <u>믿음</u> 으로 구원을 받습니다.

1) <u>행위</u> 가 아닌 믿음으로 구원을 받습니다.

[로마서 10:10]
사람이 마음으로 믿어 의에 이르고 입으로 시인하여 구원에 이르느니라

| 코칭 노트 |

믿음은 복음의 진리를 들음으로 생겨납니다(롬 10:17). 복음을 듣지 않고서는 믿음을 가질 수가 없습니다. 그런데 복음을 들을 때 믿음이 생겨나는 것은 성령께서 마음을 밝혀 그 복음을 깨닫게 하시고 이로써 믿음을 심어주시기 때문입니다(행 17:4, 12). 이 성령은 그리스도가 보내시는 영이시기에 사실상 믿음을 심어 주시는 분은 예수 그리스도이십니다(히 12:2).

예수 그리스도께서 성령으로 복음의 말씀을 가지고 우리 심령 속에 믿음을 심어 주시는 것입니다. 그래서 우리의 믿음을 튼튼하게 하기 위해서는 성경을 읽고, 듣고, 실천해야 하며 세례를 받고 성찬 예식에 성실하게 참여하고, 쉬지 않고 시간을 내어 규칙적으로 기도해야 합니다.

2) 죄를 <u>회개</u> 해야 구원을 받습니다.

[사도행전 2:38]

베드로가 이르되 너희가 회개하여 각각 예수 그리스도의 이름으로 세례를 받고 죄 사함을 받으라 그리하면 성령의 선물을 받으리니

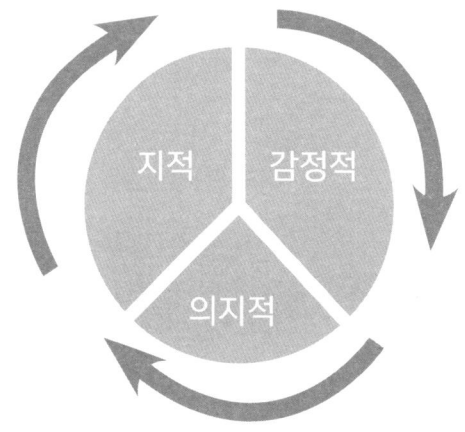

| 코칭 노트 |

회개에도 믿음의 3요소의 경우처럼 지적, 감정적, 의지적 요소가 있습니다. 성경에 근거하여 죄가 무엇인지를 잘 알아야 합니다. 하나님의 말씀을 거슬러 행한 불법이 죄인 줄 알고 회개해야 하는 점에서 회개에는 지적 요소가 있습니다.

그리고 죄에 대하여 슬퍼하고 죄를 미워하며 분개하는 감정적 요소가 있습니다. 또한, 하나님께 항상 순종하여 살고자 하는 열망을 가져야 하는 점에서 회개에는 의지적 요소도 있습니다.

참된 회개는 잘못을 깨닫고, 그것을 가슴 아파하고, 다시는 그런 잘못을 저지르지 않도록 하는 것입니다.

반면, 후회는 잘못을 깨닫고 후회하지만, 의지적으로 그 잘못을 고치지 않는 것을 말합니다. 베드로는 예수님을 부인하고 저주하는 잘못을 했고, 가룟 유다도 예수님을 파는 잘못을 했습니다.

그러나 베드로는 회개하여 용서를 받고 새로운 삶을 살게 되었지만, 가룟 유다는 후회 끝에 자살하여 영원한 멸망을 받았습니다.

하나님이 용서 못할 죄는 없습니다. 사람은 죄 때문에 망하지 않고, 회개하지 않기 때문에 망하는 것입니다. 회개만이 살 길입니다.

| 코칭 노트 |

어떤 신학자는 이렇게 말했습니다.

"이 세상에는 굉장히 많은 종교가 있지만 엄밀히 따져 성경의 시각에서 나누어 보면 두 가지의 종교만이 존재합니다. 한 종교는 기독교를 제외한 나머지 종교이며, 그 종교의 모토는 '하라'(Do)는 것입니다. 그러나 오직 기독교의 복음은 무엇인가 하라고 외치는 것이 아니라 그리스도가 이미 '이루었다'(Done)는 것을 강조합니다."

성경의 가르침은 우리에게 영생을 얻기 위해서 할 수 있는 일은 아무것도 없다고 선언합니다. 내가 노력하거나 나의 의로 영생을 획득할 수 없습니다. 다만 다 이루어 놓으신 주님을 믿는 것뿐입니다.

| 예화 |

행복한 사형수

1963년 10월 19일, 상오 전방 제 3군단에서 현역 육군 중령 이득주 가족 6명이 도끼로 참살된 사건이 있었습니다. 범인 고재봉(당시 27세, 1109 야전포단 소속 상병)은 1963년 11월 12일 하오 6시쯤 종로5가 버스정류장 앞에서 외사촌동생을 만나다가 이를 수상히 여긴 땅콩행상의 신고로 체포되었습니다.

처음에는 범행사실을 부인하다가 몸수색으로 칼 3자루가 나오자 자백했습니다.

범행 동기는 박모 중령 집에서 도둑질한 죄로 6개월 징역을 살고 나온 후 중령에게 복수하려던 것이었는데, 이득주 중령을 박 중령으로 잘못 알고 저지른 범행이었습니다.

구속 수감된 그에게 어느 전도인 한 사람이 포켓 신약성경을 전해 주었습니다. 독방에 홀로 있던 고재봉은 심심하면 그 성경책을 할 일 없이 뒤적거리곤 하였습니다. 그러던 어느 날 요한복음 3장 16절 말씀에 호기심을 가지게 되었고 그로 인해 신약전서를 읽기 시작했습니다. 성경의 글씨들이 차츰 살아있는 말씀으로 고재봉에게 전달되기 시작하면서 그는 결국 예수님을 영접했고 사형수로서 모범적인 수감생활을 하게 되었습니다.

어느 날, 한참 동안 눈물로 기도를 하던 중에 그는 성령으로 거듭나는 체험을 하게 되었습니다. 그가 성령으로 거듭난 체험은 다음과 같습니다.

어느 순간 갑자기 머리에서부터 발끝까지 온몸이 불덩이처럼 뜨거워지며 마치 고압선에 감전된 것처럼 오장육부가 뒤틀리고 온몸이 마비된 듯 이성을 잃을 뻔하였습니다. 마치 거대한 힘이 자기 자신의 몸과 정신을 운전하고 있는 것 같았습니다. 자기 자신의 일거수일투족은 물론 자기 자신의 모든 과거까지를 누군가가 속속들이 들여다보고 있는 것 같은 느낌이 들어 온몸이 부들부들 떨렸다고 합니다. 그러는 가운데 그는 차츰 어떤 새로운 힘이 자신 속에 파고드는 것을 느꼈습니다. 말할 수 없는 새로운 힘이 그의 내부에서 솟아오르기 시작한 것입니다.

성령으로 다시 태어난 고재봉은 이제 틈만 나면 성경을 읽고 기도하는 생활을 하였고, 서울 구치소의 전도사가 되었습니다. 그의 눈물의 기도는 확실히 대단한 힘을 가지고 있었습니다. 지금까지 예수가 누구인지도 모르고 있던 많은 사람들이 그의 변화된 모습을 보고 차츰 성경에 흥미를 가지기 시작했으며, 기도하는 사람들도 점차 늘어나기 시작했습니다.

　고재봉의 성경통독과 전도의 여파는 철창을 타고 옆방으로 퍼져나가기 시작했습니다. 그리하여 얼마 후에는 교도소 안이 온통 찬송가 소리로 뒤덮이게 되었습니다. 참으로 엄청난 일이었습니다. 주님의 놀라운 능력이 서울 구치소에 강하게 역사하신 것입니다. 그는 삶이 다하는 마지막 순간까지 한 사람이라도 더 전도해야겠다는 일념으로 바쁜 하루를 보냈습니다.

　고재봉은 1964년 3월 10일 사형되었습니다. 그는 "하늘 가는 밝은 길이 내 앞에 있으니...."를 부르며 담대하게 형장으로 나아갔습니다. 흉악한 살인마 고재봉이 그런 변화된 사라이 되리라고는 아무도 상상하지 못했습니다. 성령의 거듭난 체험 사건이 그의 인생을 180도로 전환시킨 것입니다.

| 은혜 나누기 |

1. 이 과를 통해 가장 마음에 와닿는 말씀은 무엇입니까?

2. 그 말씀을 붙잡고 어떻게 실천할 것입니까?

3. 다함께 은혜의 말씀과 실천해야 할 일을 위해 기도합시다.

4과
성경은 무엇을 말하고 있나요?

"성경은 감옥 같은 세상에서 영원을 내다보는 창문이다."

| 생각 나누기 |

어거스틴(A.D. 354-430)은 신학, 철학, 문학, 법률에 이르기까지 세계적인 영향력을 끼친 로마말기 서방교회의 교부입니다.

어거스틴이 기독교로 개종할 때에 가장 문제가 된 것이 바로 성경이었습니다. 그의 눈에 비친 성경은 비철학적이고 야만적인 언어로 가득 차 있었습니다. 그는 예수를 믿는 신앙의 전제가 되는 성경의 권위를 인정할 수 없었습니다. 그러던 어느 날 어거스틴은 바울이 쓴 로마서를 읽으면서 최후의 일격을 받았습니다.

"낮에와 같이 단정히 행하고, 방탕과 술 취하지 말며, 음란과 호색하지 말며, 쟁투와 시기하지 말고, 오직 주 예수 그리스도로 옷 입고, 정욕을 위하여 육신의 일을 도모하지 말라"(롬 13:13-14)는 말씀을 읽던 중 하나님의 음성을 듣게 된 것입니다. 이 사건 이후로 그는 성경이 그에게 말씀하신 그대로의 놀라운 삶을 살기 시작했습니다.

Q. 다음 중에서 가장 권위가 높은 것은 무엇입니까?

① 교리 ② 전통 ③ 헌법 ④ 이성 ⑤ 성경 ⑥ 체험

| 말씀 나누기 |

1. 성경의 본질과 핵심 내용은 무엇입니까?

[요한복음 3:16-17]

¹⁶ 하나님이 세상을 이처럼 사랑하사 독생자를 주셨으니 이는 그를 믿는 자마다 멸망하지 않고 영생을 얻게 하려 하심이라 ¹⁷ 하나님이 그 아들을 세상에 보내신 것은 세상을 심판하려 하심이 아니요 그로 말미암아 세상이 구원을 받게 하려 하심이라

1) 성경 전체는 예수 그리스도에 대해 <u>증언</u> 하는 책입니다.

| 코칭 노트 |

예수 그리스도는 하나님의 살아있는 말씀입니다. 성경은 여호와 하나님이 저자이시고 그가 친히 쓰신 책입니다. 또한 하나님께서 선지자들과 사도들을 통해서 계시하고 말씀하여 기록한 까닭에 성경은 하나님의 '특별 계시의 책'입니다(히 1:1-2).

2) 성경은 우리를 예수 그리스도께로 이끄는 <u>하나님의 말씀</u> 을 기록한 책입니다.

| 코칭 노트 |

그러므로 성경 없이는 계시된 구원의 통로, 예수 그리스도를 만날 수 없습니다. 성경이 구원의 책이요, 구원이 오직 예수 그리스도를 믿는 믿음으로만 얻어지는 까닭에 성경의 중심 주제는 당연히 예수 그리스도입니다.

모든 성경은 예수 그리스도를 증거하고(요 5:39), 그를 가리켜 기록되었으며(눅 24:44), 하나님은 그에 관하여 선지자들을 통해서 성경에 미리 약속하셨습니다(롬 1:2).

성경이 말하는 성경은 여호와의 특별 계시의 책이요, 하나님의 말씀이며, 구원의 책입니다. 그래서 성경을 읽고 묵상하면 영생을 얻고(요 5:39) 예수 그리스도를 믿게 됩니다(행 17:11-12).

3) 성경은 인간을 향한 하나님의 사랑의 <u>편지</u> 입니다.

| 코칭 노트 |

우리는 성경을 통해 하나님이 우리를 얼마나 사랑하시는지를 알 수 있습니다.

4) 성경은 인간의 삶에 대한 하나님의 <u>거룩한 뜻</u> 이 있는 책입니다.

| 코칭 노트 |

인간이 대화를 통해 서로를 알아가듯, 우리는 하나님의 말씀을 통하여 하나님을 알아갈 수 있습니다. 또 성경은 우리의 삶의 행로를 가르쳐 주는 나침반이 되어 줍니다.

"주의 말씀은 내 발에 등이요 내 길에 빛이니이다"(시 119:105)

그러므로 성경은 인간이 구원에 이르는 길과 구원 받은 자로서 지녀야 할 삶의 모습에 대해 말하고 있는 하나님의 생명의 말씀인 것입니다.

2. 하나님이 성경을 주신 목적은 무엇입니까?

[디모데후서 3:15-17]

15 또 어려서부터 성경을 알았나니 성경은 능히 너로 하여금 그리스도 예수 안에 있는 믿음으로 말미암아 구원에 이르는 지혜가 있게 하느니라 16 모든 성경은 하나님의 감동으로 된 것으로 교훈과 책망과 바르게 함과 의로 교육하기에 유익하니 17 이는 하나님의 사람으로 온전하게 하며 모든 선한 일을 행할 능력을 갖추게 하려함이라

1) 예수가 그리스도이심을 믿어 <u>구원</u> 에 이르는 지혜를 얻게 하기 위함입니다.

| 코칭 노트 |

요한복음에서도 기록한 목적을 밝히면서, 예수가 하나님의 아들이심을 믿어 그 이름을 힘입어 생명을 얻게 하려는 데 있다고 했습니다(요 20:31).

이는 성경이 구원의 책이요, 생명의 책이기 때문입니다. 성경의 최대 목적은 과학이나 철학이나 문학이나 윤리학을 가르치는 데 있지 않고 죄와 사망 아래에 있는 인간에게 구원의 길을 보여주는 데 있습니다.

2) 믿음생활의 <u>교훈</u> 을 주기 위함입니다.

| 코칭 노트 |

성경은 우리가 무엇을 믿고 어떻게 살 것인가에 대하여 바른 교훈과 규범과 원리를 제공하는 책입니다.

3) 하나님의 사람으로 <u>성숙</u> 하게 하기 위함입니다.

| 코칭 노트 |

성경은 그리스도인으로 하여금 인격적으로 성수갚여 그리스도를 닮게 하고(엡 4:13-16) 하늘나라의 온전한 시민이 되게 하는 데 목적이 있습니다.

4) 선한 일을 행할 수 있도록 <u>구비</u> 하게 하기 위함입니다.

| 코칭 노트 |

하나님은 예수 그리스도 안에서 새로운 피조물인 성도로 하여금 선한 일을 하여(엡 2:8-10) 빛의 열매인 착함과 의로움과 진실함을 결실할 수 있도록 성경을 주신 것입니다(엡 5:8). 다시 말해서 하나님이 우리에게 성경을 주신 목적은 청결한 마음과 선한 양심과 거짓이 없는 믿음에서 나오는 사랑을 행하게 하는 데 있습니다(딤전 1:5).

3. 성경 말씀을 읽고 대하는 태도는 어떠해야 합니까?

[요한계시록 1:3]
이 예언의 말씀을 읽는 자와 듣는 자와 그 가운데에 기록한 것을 지키는 자는 복이 있나니 때가 가까움이라

1) 성경이 기록한 <u>목적</u> 을 이해해야 합니다.

| 코칭 노트 |

성경 안에는 과학적이고 역사적이고 문학적이고 신학적인 많은 사실들과 정보들이 나옵니다. 그리고 때때로 모순이 되는 것처럼 보이는 구절도 있고, 사실의 기록이 아닌 것처럼 보이는 구절도 있습니다. 그러나 성경은 과학 서적도, 역사 서적도, 사회학 서적도 아닙니다. 그것

은 신앙의 책입니다. 하나님의 지혜를 인간의 지혜로는 다 이해할 수 없습니다. 성경을 통한 하나님의 계시의 목적은 인간이 구원을 발견하기 위한 진리를 보여주는 데 있습니다.

2) __성령__ 의 도우심을 간절히 구해야 합니다.

| 코칭 노트 |

겸손하고 열린 마음으로 성경을 대하는 사람들은 그 능력을 경험하고 있습니다. 이성으로 하나님의 말씀을 판단하지 마십시오. 우리의 교만과 상식과 경험과 이성의 신을 벗고 겸손한 마음과 순수한 믿음으로 하나님의 말씀을 대해야 합니다.

3) __부지런함__ 으로 읽고, __믿음__ 으로 받아들이며, 생활 속에서 __실천__ 해야 합니다.

| 코칭 노트 |

하나님의 말씀이 구원을 위하여 효력있게 되려면 우리는 부지런함과 준비와 기도로써 나아가야 하며, 믿음과 사랑으로 그 말씀을 받아들여 우리 마음판에 새기며 우리의 생활에서 이를 실천해야 합니다. 바쁜 생활 중에서 시간을 내어 성경을 읽고 기도하며 현실(시간적으로 현재, 공간적으로 현장, 사건적으로 현재 당면한 사건)에서 말씀대로 실행하여야 합니다.

현실에서 진리와 성령의 인도하심에 순종할 때 우리의 마음의 요소들(지식, 성질, 욕망, 뜻, 정서 등)과 몸의 기능들(의를 행할 수 있는)이 살아나며 성장하게 됩니다.

4) 읽는 것 자체보다는 <u>메시지</u> 를 발견하는 데 주의를 기울여야 합니다.

| 코칭 노트 |

아마 오늘날처럼 성경이 많이 보급된 시대는 없었을 것입니다 수많은 언어로 보급된 많은 성경이 있지만 사람들은 성경을 가까이 하지 않습니다.

또 성경을 읽는 사람조차도 형식에 빠져 의미를 찾지 못하는 경우가 종종 있습니다. 우리는 단순히 성경을 읽는 것만 목적이 아니고, 하나님 아버지를 알고 예수 그리스도에 대한 믿음을 갖는 것이 목적이 되어야 합니다.

  이스라엘에서 서기관들은 한 자도 틀리지 않도록 성경 사본을 베꼈습니다. 크로스 점검을 해서 한 자라도 틀리면 그 사본을 폐기 처분했습니다. 그들은 성경을 보고 베끼고 연구하는 사람들이었지만 성경의 메시지를 깨닫지 못하고 실천하지 못했습니다.

  순종하는 마음, 하나님의 음성을 들으려고 하는 마음이 없이 어떻게 그 메시지를 들을 수 있겠습니까?

| 은혜 나누기 |

1. 이 과를 통해 가장 마음에 와닿는 말씀은 무엇입니까?

2. 그 말씀을 붙잡고 어떻게 실천할 것입니까?

3. 다함께 은혜의 말씀과 실천해야 할 일을 위해 기도합시다.

5과
기도하면 정말로 들어주시나요?

"사람이 일하면 사람이 일할 뿐이지만, 사람이 기도하면 하나님이 일하신다."

| 생각 나누기 |

고아의 아버지로 불리는 조지 뮬러는 애슐리 다운이라는 큰 고아원을 세워 아이들을 돌보고 있었습니다.

어느 추운 겨울날, 갑자기 고아원의 보일러가 고장이 났습니다. 보일러를 고치려면 적어도 일주일은 걸려야 하기 때문에 고아원은 온통 비상이 걸렸습니다. 사람들은 조지 뮬러에게 뛰어와서 "목사님, 목사님! 큰일났습니다. 영아들이 있는 건물에도 보일러가 고장 나서 아이들이 다 얼어 죽게 되었습니다." 하며 아우성이었습니다.

그러나 그 모든 아우성을 뒤로하고 조지 뮬러는 일어나 성경책을 옆구리에 낀 채 교회를 향해 저벅저벅 걸어갔습니다. 그리고 밤을 새워 하나님께 부르짖으며 간구하였습니다.

"날씨를 주장하시는 하나님 아버지. 이 어린이들은 다 하나님이 제게 맡겨주신 생명들입니다. 이 어린 생명들의 아버지는 하나님이시고 저는 다만 총무일 뿐입니다. 하나님 아버지, 시간과 때를 주장하시는 하나님이 일

주일 동안 봄 날씨로 변화시켜 주옵소서."

조지 뮬러가 부르짖어 간구하는 동안 갑자기 동풍이 불기 시작했습니다. 그리고 영국 전체가 봄 날씨로 바뀌었습니다.

그때는 지금과 같은 기상 이변도 흔치 않았던 시절이었습니다. 그러나 하나님은 조지 뮬러의 기도를 들으시고 북풍을 멈추고 동남풍을 불게 하셔서 영국 전체가 따뜻한 온실이 되게 하셨던 것입니다.

보일러를 고친 다음 정상적으로 가동하자 영국에는 다시 한겨울의 세찬 바람이 쌩쌩 불어왔습니다.

Q. 당신은 기도해서 응답받은 적이 있습니까? 있다면 서로 나누어 봅시다.

| 말씀 나누기 |

1. 기도가 왜 필요합니까?

[요한복음 16:23]

...너희가 무엇이든지 아버지께 구하는 것을 내 이름으로 주시리라

1) 기도를 통해서 하나님이 자기의 <u>목적</u> 을 성취하시기 때문입니다.

2) 사람이 자기의 <u>한계</u> 를 인식하기 때문입니다.

3) 죄 용서를 통한 <u>영적 치유</u> 를 하나님께로부터 받기 때문입니다.

4) 하나님의 <u>도우심</u> 을 구하지 않고서는 우리가 살아갈 수 없기 때문입니다.

| 코칭 노트 |

기도의 동기는 실제적으로 말하자면, 우리의 절박한 필요 때문이나 궁극적으로 하나님의 영광을 구하는 것이 첫 번째 동기입니다. 그러므로 우리는 하나님의 영광을 위해서 기도하되 죄에 대한 깊은 인식과 통회하는 마음을 가지고 있어야 합니다.

기도는 예수 그리스도의 이름으로 하나님께 고하는 것이며, 하나님을 향한 바른 마음이라고 할 수 있는데 하나님의 뜻에 합당한 간구와 죄의 고백, 찬양과 감사로 표현하는 것이라고 할 수 있습니다. 결국 기도는 하나님의 뜻과 깊은 관계가 있습니다. 기도의 본질이란 인간의 욕망에 맞게 하나님을 부리는 것이 아니라 우리의 것을 하나님의 뜻에 맞추는 부단한 싸움입니다.

2. 기도함에 있어서 마음자세는 어떠해야 합니까?

[누가복음 22:44]
예수께서 힘쓰고 애써 더욱 간절히 기도하시니 땀이 땅에 떨어지는 핏방울 같이 되더라

1) 하나님과의 대화는 하나님을 <u>경외함</u> 으로 기도하는 것입니다.

| 코칭 노트 |

하나님을 경외함으로 드리는 기도에는 하나님과 대화를 나누는 사람에게 어울리는 합당한 정신과 마음 자세가 필요합니다. 불경스럽다거나 충동적이거나 경솔한 요소가 있어서는 안 됩니다. 하나님을 바르고 순수하게 주시하지 못하게 하는 육적인 근심과 생각을 버리고 전심전력해서 하나님께로만 향하는 마음을 가져야 합니다.

인간의 정신은 본래 방황하는 습성 때문에 이질적이고 외부적인 염

려에 빠지기 쉽고, 하늘나라는 보지 못하고 땅의 일에 얽매이는 것이 보통입니다.

그러므로 기도하는 사람은 이러한 모든 염려들을 버리고 우리의 정신 그 자체를 높이 초월하여 하나님 앞에 적합하고 순결한 상태로 나아가야 합니다.

2) 진심으로 부족함을 느끼며 회개 하는 마음으로 기도해야 합니다.

| 코칭 노트 |

기도할 때 항상 자신의 무력함을 느끼며 우리가 구하는 모든 것이 얼마나 필요한가를 진심으로 생각해서 그것을 얻고자 하는 강련한 소원을 기도에 첨가해야 합니다. 스스로 회개하거나 기도하는 것은 사람의 힘으로 도저히 해낼 수 없는 일입니다.

따라서 기도는 예수 그리스도 안에서 하나님의 은혜에 대한 반응으로 생각해야 합니다.

올바른 기도는 자신의 부족함과 하나님의 도움의 필요성을 가슴 가득 느끼고 참회하는 자세로 진솔하고 열렬하게, 지속적으로 드려져야 하는 것으로서 시련이 강할수록 더욱 강렬하게 드려져야 합니다.

왜냐하면 성경은 기도의 열성과 지속성을 요구하고 있기 때문입니다. 무릇 경건한 자는 주를 만날 기회를 얻는 대로 기도하여야 합니다.

3) 자기에 대한 신뢰를 버리고 겸손 하게 용서를 빌며 기도해야 합니다.

| 코칭 노트 |

기도는 열정적으로만 한다고 해서 다 되는 것은 아닙니다. 자기의 신뢰를 버리고 겸손히 하나님의 용서를 비는 기도를 드려야 합니다.

즉, 기도하기 위해서 하나님 앞에 서는 사람은 영광을 전적으로 하나님께 돌리며, 자기의 영광을 전혀 생각하지 않으며, 자기의 가치를 일체 내세우지 않아야 합니다. 곧 자기 자신의 신뢰를 버려야 합니다. 그렇지 않고 자기의 가치를 티끌만큼이라도 주장해서 허영과 교만에 부푼다면 하나님 앞에서 멸망하게 될 것입니다.

하나님께서 기도하는 자는 마땅히 자기의 영광이나 자기 가치에 대한 어떠한 생각도 버려야 합니다. 교만한 마음을 버리고 이같이 겸손하게 산 사람들의 실례를 성경에서 찾아보아야 합니다.

다니엘(단 9:18-20), 다윗(시 143:2), 이사야(사 64 | 5-9), 예레미야(렘 14:7)와 같은 하나님의 사람들에게서 이러한 태도를 보게 됩니다. 그들은 하나님 앞에 나아갈 때 더욱 겸손했습니다.

그들은 자신을 하나님의 것이라고 생각했기 때문에 하나님께서 돌보실 것을 믿고 다른 아무것도 의뢰하지 않았던 것입니다.

따라서 기도의 가장 중요한 부분은 죄의 용서를 비는 것입니다. 올바른 기도의 시작은 성실하게 죄를 고백하며 용서를 구하는 것입니다.

기도를 시작할 때마다 겸손하고 진지한 죄의 고백으로 사죄를 구하는 것입니다. 아무리 거룩한 사람도 하나님의 너그러운 용서를 얻기 전까지는 그분께 무엇을 얻으리라고 기대해서는 안 됩니다.

4) 확신 있는 소망을 가지고 기도해야 합니다.

| 코칭 노트 |

기도는 우리가 필요로 하는 모든 것을 하나님께로부터 얻을 수 있다는 우리의 희망에 대한 증거입니다. 그렇기 때문에 믿음 없이 기도하는 것은 위선적인 행동이며, 우리의 불신과 불성실에 의하여 하나님의 마음을 해치는 행위입니다.

기도의 첫 번째 단계는 "우리의 기도가 결코 헛되지 않다는 확신의 신앙"입니다. 복음을 들음으로 얻은 신앙과 모든 십자가의 상황을 극복하고 소망을 바라보는 태도는 우리의 기도 밑에 반드시 깔려 있어야 합니다.

우리는 그리스도에 대한 신앙으로 담대하고 확신 있게 하나님께로 나아갑니다. 이처럼 기도할 때 신앙과 소망은 사랑의 실천을 위하여 필요합니다.

5) <u>감사</u> 가 기도의 출발점인 동시에 귀착점입니다.

| 코칭 노트 |

감사는 은혜를 부르고 은혜는 더 큰 감사를 낳습니다. 감사로 구할수록 은혜를 받고, 은혜를 받을수록 더욱 감사하게 됩니다.

감사와 간구는 영혼의 숨쉬기 운동과 같습니다. 우리의 영혼은 간구로 은혜를 들이마시고, 감사로 찬미를 내쉽니다. 들이마시지 않으면 내쉴 것이 없듯이 구하기를 그치면 감사하는 것도 그칩니다. 그릇된 영적 만족은 감사의 적입니다. 자신의 영적 상태에 만족해 버린 사람에게는 더 이상 감사와 은혜가 들어갈 자리가 없습니다.

3. 기도를 잘 하려면 어떻게 해야 합니까?

[누가복음 6:12]
이 때에 예수께서 기도하시러 산으로 가사 밤이 새도록 하나님께 기도하시고

1) 기도 <u>훈련</u> 을 받아야 합니다.

| 코칭 노트 |

사탄은 내일이라는 단어를 제일 좋아합니다. 오늘 이 시간부터 기도에 헌신할 것을 결심해야 합니다.

2) 기도 <u>시간</u> 을 정해야 합니다.

| 코칭 노트 |

시간을 따로 구별하여 기도를 시작해야 합니다. 처음에는 하루에 10분 정도의 시간을 내어도 좋습니다. 규칙적으로 기도를 하다 보면 점차 시간을 더 늘려갈 수 있습니다.
기도의 모범을 보인 다윗의 경우 아침(시 5:3)과 밤(시 6:6)에 규칙

적으로 기도하였고, 예수님도 습관을 좇아 밤이면 기도하셨습니다(눅 21:37, 22:39). 때로는 밤이 새도록 기도하셨습니다(눅 6:12).

기도는 믿음의 핵심이고 영구적인 연습이기 때문에 시간을 내서 규칙적으로 해야 하고, 또 충분하게 시간을 내서 해야 기도에 능력이 붙습니다. 역사적으로 많은 목회자들의 증언하는 바에 따르면, 기도의 능력은 기도하는 시간의 양에 비례합니다. 운동의 연습이 규칙적으로 충분한 시간을 내서 할 때 효과가 있고 힘이 길러지는 것과도 비슷합니다.

우리는 기도 시간을 정해 놓고 기도할 뿐 아니라, 인내심을 가지고 해야 합니다(눅 18:1). 인내심을 가지고 진지하게 기도하는 경우 응답이 없는 기도는 사실상 없습니다.

3) 기도 <u>모임</u> 에 참여해야 합니다.

| 코칭 노트 |

모닥불도 모여야 잘 타듯이 기도의 불도 혼자보다는 여럿이 함께 모여서 기도할 때, 훨씬 더 뜨겁게 타오를 수 있습니다.

4) 기도 <u>노트</u> 를 활용해야 합니다.

| 코칭 노트 |

손으로 직접 기록할 때 우리의 기도가 훨씬 더 효과적일 수 있습니다. 기도 노트는 우리의 기도를 보다 생산적이고 효과적이며 목적에 부합되게 만드는 힘이 있습니다.

5) 성경 <u>말씀</u> 을 가지고 기도해야 합니다.

| 코칭 노트 |

성경은 기도의 교과서입니다. 기도를 불러일으키는 신앙은 말씀에 의해서 생겨나고, 말씀의 약속들을 경청함으로써 더욱 활성화됩니다.

| 은혜 나누기 |

1. 이 과를 통해 가장 마음에 와닿는 말씀은 무엇입니까?

2. 그 말씀을 붙잡고 어떻게 실천할 것입니까?

3. 다함께 은혜의 말씀과 실천해야 할 일을 위해 기도합시다.

6과
교회는 무엇을 하는 곳인가요?

"교회는 결국 사람들의 집단이 아니다. 죄인들의 병원이다."

| 생각 나누기 |

영국의 유명한 목사요 부흥사였던 찰스 스펄전 목사에게 어떤 사람이 찾아왔습니다.

"목사님, 문제 없는 교회를 찾아 주십시오. 교회마다 돌아다녀 보아도 문제가 너무나 많습니다."

그때 스펄전 목사는 "젊은이, 그런 교회를 한번 찾아보시오. 찾게 되면 저에게도 꼭 연락주세요. 그러면 저도 그 교회에서 무슨 일이든 하겠습니다. 하지만 당신은 절대로 그 교회에 가지 마십시오. 왜냐하면 당신이 가는 순간 그 교회는 다시 문제가 생길 테니까요."라고 대답했답니다.

Q. 교회라는 단어에 제일 먼저 떠오르는 이미지는 무엇입니까?

| 코칭 노트 |

죄인들이 모여 있는 교회는 완벽할 수 없습니다.

스펄전 목사에게 완벽한 교회를 소개해 달라는 부탁을 한 형제는 자신의 죄인됨과 한계를 깨닫지 못하고 다른 사람의 부족한 모습만을 쳐다보는 사람이었습니다.

교회 안에 갈등이 있어서는 안 된다고 생각하는 사람들이 많이 있습니다. 특히 거룩한 교회에서 갈등이 있다는 것을 굉장히 잘못된 것으로 여기고 실망하거나 실족하는 경우가 있습니다.

이것은 교회가 죄인들이 아닌 거룩한 사람들이 모인 곳이라고 착각하기 때문입니다. 그리스도의 피로 죄 사함을 받고 거듭난 성도는 이미 주님을 닮아가는 길로 들어섰지만, 아직 완전하지 않으며 여전히 유혹과 싸우는 죄인입니다.

이 사실을 인정하고 수용할 때 갈등을 받아들일 수 있는 여유가 생기며 극복할 수 잇는 길을 모색하게 됩니다.

|말씀 나누기|

1. 교회란 어떤 곳입니까?

1) 하나님의 부르심의 <u>공동체</u> 입니다.

[고린도전서 1:2]
 고린도에 있는 하나님의 교회 곧 그리스도 예수 안에서 거룩하여지고 성도라 부르심을 받은 자들과 또 각처에서 우리의 주 곧 그들과 우리의 주 되신 예수 그리스도의 이름을 부르는 모든 자들에게

| 코칭 노트 |
 교회는 인간들의 필요나 편의에 따라 자생적으로 생긴 집단이 아니라 하나님께서 그 성도들을 세상에서 불러내셔서 만드신 것입니다.
 따라서 교회는 그리스도의 복음을 만방에 선포할 책임이 있는 하나님께서 세우신 기관, 즉 '하나님께서 부르신 사람들의 모임'입니다.

2) 교회의 주인은 <u>예수님</u> 이십니다.

[마태복음 16:18]
또 내가 네게 이르노니 너는 베드로라 내가 이 반석 위에 내 교회를 세우리니 음부의 권세가 이기지 못하리라

| 코칭 노트 |

믿지 않는 사람들이 교회를 하나의 사업체로 잘못 이해하고 있습니다. 교회의 주인은 목사, 장로, 집사 혹은 교황, 추기경, 주교, 신부와 같은 사람이 아닙니다.

주님께서는 분명히 반석과도 같은 베드로의 신앙고백 위에 '내 교회' 즉, 주님의 교회를 세우신다고 말씀하셨습니다.

교회의 주인은 주님이시고, 이 땅 위에 모든 교회는 주님의 교회입니다. 그러므로 교회는 예수 그리스도를 주인으로 모시고 그 주님을 경배하여 그분의 뜻을 이 땅 위에 이루어가는 사람들의 모임입니다.

다시 말해, 교회는 구주이신 예수 그리스도를 믿음으로 구원받아 그분을 자기 인생의 주인으로 경배하며, 그분의 사랑과 뜻을 이 땅 위에 자신의 삶으로 심어 가는 사람들의 공동체입니다.

3) 교회는 <u>성령</u> 이 거하시는 전입니다.

[고린도전서 3:16-17]

[16] 너희는 너희가 하나님의 성전인 것과 하나님의 성령이 너희안에 계시는 것을 알지 못하느냐 [17] 누구든지 하나님의 성전을 더럽히면 하나님이 그 사람을 멸하시리라 하나님의 성전은 거룩하니 너희도 그러하니라

| 코칭 노트 |

교회가 거룩하다는 것은 교회의 구성원들이나 제도가 거룩하다는 의미가 아닙니다. 사실 교회란 죄인들이 모여있는 곳이기에 불완전합니다. 그러나 주님 앞에 나와 의롭다 하심을 입을 사람들이 모였기에 교회는 의로운 곳이기도 합니다. 무엇보다도 교회가 거룩한 곳인 이유는 성령이 임재하는 곳이요, 거룩한 그리스도의 몸이기 때문입니다.

2. 교회의 사명은 무엇입니까?

1) 교회는 <u>예배</u> 하는 공동체입니다.

[요한복음 4:23]

아버지께 참되게 예배하는 자들은 영과 진리로 예배할 때가 오나니 곧 이 때라 아버지께서는 자기에게 이렇게 예배하는 자들을 찾으시느니라

| 코칭 노트 |

하나님께서는 자기를 예배하는 자를 찾으시며, 자기의 백성들이 교회를 이루어 성령과 진리로 예배하는 것을 기뻐하십니다.

그런 까닭에 교회는 무엇보다도 예배 공동체로서 하나님께 예배드리기를 힘써야 합니다. 하나님을 경외함으로 드리는 예배는 하나님 사랑과 이웃 사랑으로 그 진실함을 드러내는 것입니다.

2) 교회는 <u>성경</u> 을 가르치는 공동체입니다.

[디모데후서 3:14-17]

14 그러나 너는 배우고 확신한 일에 거하라 너는 네가 누구에게서 배운 것을 알며 15 또 어려서부터 성경을 알았나니 성경은 능히 너로 하여금 그리스도 예수안에 있는 믿음으로 말미암아 구원에 이르는 지혜가 있게 하느니라 16 모든 성경은 하나님의 감동으로 된 것으로 교훈과 책망과 바르게 함과 의로 교육하기에 유익하니 17 이는 하나님의 사람으로 온전하게 하며 모든 선한 일을 행할 능력을 갖추게 하려 함이라

| 코칭 노트 |

예수님은 무엇보다도 성경을 바르고 깊이 있게 가르치기를 힘쓰셨습니다. 예수님의 산상설교와 천국 비유 등은 교회의 성경 교육의 중요성을 보여 주고 있는 것입니다. 교회는 성경 교육뿐 아니라 교리 교육도 함께 힘써야 합니다. 이 때문에 성령께서는 교회의 어떤 이들에게 가르치는 은사를 주신 것입니다.(롬 12:7, 고전 12:8)

3) 교회는 <u>복음</u> 을 전하는 공동체입니다.

[디모데후서 4:2]
너는 말씀을 전파하라 때를 얻든지 못 얻든지 항상 힘쓰라 범사에 오래 참음과 가르침으로 경책하며 경계하며 권하라

| 코칭 노트 |

성경을 교육하는 일이 교회 안에서 성도들을 위하여 행해지는 것인데 비 하여, 복음전도와 선교는 교회 밖에 있는 불신자들을 상대로 하는 것입니다. 교회는 때를 얻든지 못 얻든지 세상 끝날까지 인종, 성별, 귀천에 관계없이 그리고 지리적 경계를 초월하여 땅 끝까지 복음을 전파해야 합니다. 복음 전도는 단순히 말로만 해서는 안 되고, 불신자들의 세계로 찾아가 그들의 삶을 함께 나눔으로 해야 합니다. 세상의 빛

과 소금이 됨으로 복음전도가 풍성한 열매를 맺는 것입니다.

4) 교회는 <u>치유</u> 하는 공동체입니다.

[야고보서 5:14-16]

¹⁴ 너희 중에 병든 자가 있느냐 그는 교회의 장로들을 청할 것이요 그들은 주의 이름으로 기름을 바르며 그를 위하여 기도할지니라 ¹⁵ 믿음의 기도는 병든 자를 구원하리니 주께서 그를 일으키시리라 혹시 죄를 범하였을지라도 사하심을 받으리라 ¹⁶ 그러므로 너희 죄를 서로 고백하며 병이 낫기를 위하여 서로 기도하라 의인의 간구는 역사하는 힘이 큼이니라

| 코칭 노트 |

교회는 모든 병든 자들을 위하여 기도하고, 예수 그리스도의 이름으로 병 고침을 받도록 힘씁니다. 그리고 병원 사역을 돕습니다. 의료 선교는 복음을 효과적으로 증거하는 데 아주 중요한 방편입니다.

5) 교회는 <u>구제</u> 하는 공동체입니다.

[사도행전 2:45]

또 재산과 소유를 팔아 각 사람의 필요를 따라 나눠 주며

| 코칭 노트 |

초대교회의 구제는 단순히 먹을 것을 뒷문으로만 건네주는 차가운 의무의 수행이 아니라, 그들을 식탁에 초대하여 사랑과 기도, 관심과 복음을 나누는 사역이었습니다.

교회는 가난하고 굶주린 자들, 지체 부자유자, 정신 지체자, 알코올 중독자, 또는 가정이 파괴된 자들 등 사회적으로 도움이 필요한 자들에게 필요한 도움을 주는 데 힘써야 합니다.

6) 교회는 <u>교제</u> 하는 공동체입니다.

[요한일서 4:20]

누구든지 하나님을 사랑하노라 하고 그 형제를 미워하면 이는 거짓말하는 자니 보는 바 그 형제를 사랑하지 아니하는 자는 보지 못하는 바 하나님을 사랑할 수 없느니라

| 코칭 노트 |

교회는 성도들 간에 사랑으로 서로 섬기며 교제합니다. 무거운 짐을 함께 나누며, 슬픔과 기쁨을 함께 나눕니다. 애경사에 적극 참여하고 심방하며 보살핍니다.

7) 교회는 기도 하는 공동체입니다.

[마가복음 11:17]

이에 가르쳐 이르시되 기록된 바 내 집은 만민이 기도하는 집이라 칭함을 받으리라고 하지 아니하였느냐 너희는 강도의 소굴을 만들었도다 하시매

| 코칭 노트 |

기도에는 여러 가지가 있습니다. 개인기도, 중보기도, 합심기도, 작정기도, 통성기도, 묵상기도, 철야기도, 새벽기도 등 교회를 중심으로 기도 활동이 이루어지고 있습니다. 기독교는 기도교라는 말이 있습니다.

그만큼 기도가 중요하다는 의미입니다. 창조주이신 하나님께 모든 것을 다 맡기도 간구하면 틀림없이 응답해 주십니다. 기도는 구할 것을 얻는 목적도 있지만 무엇보다도 하나님과의 진정한 대화가 이루어질 수 있는 유일한 수단이라는 것이 중요합니다.

그리스도인의 심장	(예배)
그리스도인의 호흡기관	(기도)
그리스도인의 소화기관	(말씀)
그리스도인의 혈관	(교제)
그리스도인의 입과 얼굴	(전도)
그리스도인의 손과 발	(봉사)

3. 교회의 영적권위에 순종해야 하는 이유는 무엇입니까?

[히브리서 13:17]

너희를 인도하는 자들에게 순종하고 복종하라 그들은 너희 영혼을 위하여 경성하기를 자신들이 청산할 자인 것 같이 하느니라 그들로 하여금 즐거움으로 이것을 하게 하고 근심으로 하게 하지 말라 그렇지 않으면 너희에게 유익이 없느니라

1) 목회자는 다른 사람들의 영혼까지 책임지도록 하나님께서 영적 권위를 부여 하셨기 때문입니다.

2) 하나님께서 자신이 부여하신 권위를 <u>존중</u> 하시기 때문입니다.

3) 인간의 불완전함을 아시는 하나님께서 그럼에도 불구하고 조금도 주저함 없이 목회자에게 권위를 <u>위탁</u> 하셨기 때문입니다.

| 코칭 노트 |

성경은 영적 권위의 출처가 하나님이시라는 것을 명백히 밝히고 있습니다(롬 13:1-2). 우리가 접하는 모든 권위(권세)는 하나님으로부터 위임된 것들입니다. 교회 안에 권위뿐만 아니라 세상의 모든 권위도 하나님께서 위임하신 것입니다. 그러므로 위임된 권위는 위임자의 권위를 대표하며 위임자에 의해 보호됩니다. 이러한 권위는 순종에 의해 세워지며, 그리스도의 몸된 교회에서 가장 충만하게 나타납니다.

영적 권위는 사랑과 책임감으로 행사해야 하며, 권위 아래 있는 사람은 그 권위에 순종하고 복종해야 합니다. 다윗은 사울의 불의한 권위마저도 인정했습니다. 그 권위가 하나님께로부터 위임된 것임을 알았기 때문입니다. 영적 세계에서 위임된 권위야말로 얼마나 고귀한 것인지 모릅니다. 위임된 권위를 인정하지 않을 때 결국 자기 영혼에 손상을 입힐 뿐입니다.

| 은혜 나누기 |

1. 이 과를 통해 가장 마음에 와닿는 말씀은 무엇입니까?

2. 그 말씀을 붙잡고 어떻게 실천할 것입니까?

3. 다함께 은혜의 말씀과 실천해야 할 일을 위해 기도합시다.

7과
신앙생활은 어떻게 해야 하나요?

"스스로 힘이 있다고 생각하는 사람들은 결코 도움의 길을 발견하지 못합니다."

| 생각 나누기 |

1908년 영국 맨체스터에 있는 제임스 해밀턴 박사의 사무실로 수척한 모습의 환자가 찾아와 이렇게 말했습니다.

"저는 우울증에 걸렸습니다. 고독과 공포 때문에 더 이상 살아갈 수 없습니다. 어디서도 행복과 기쁨을 찾을 수 없습니다. 박사님이 도와 주시지 못하면 저는 죽을 것입니다."

듣고 있던 해밀턴 박사는 "당신은 매일의 생활로부터 한 번 벗어나는 것이 좋겠소. 당신에게는 웃음이 필요합니다. 당신에게 웃음을 줄 사람을 소개해 주겠소."라고 말했습니다. "그게 누굽니까?"

"오늘밤 서커스에 가서 그리말디라는 광대의 연기를 보세요. 그가 당신에게 웃음을 선사할 것입니다." 이 말이 끝나자마자 '수척한 환자'가 말했습니다. "박사님! 내가 그리말디란 말입니다." 평안과 기쁨은 세상에서 구할 수 없습니다. 그것은 하나님의 은혜로만 가능합니다.

Q. 당신은 우울하고 기분이 몹시 나쁠 때 무엇을 하십니까?

| 말씀 나누기 |

1. 예배로 하나님께 <u>경배</u> 하고 그분만 섬겨야 합니다.

[마태복음 4:10]
이에 예수께서 말씀하시되 사탄아 물러가라 기록되었으되 주 너의 하나님께 경배하고 다만 그를 섬기라 하였느니라

1) 하나님을 <u>기쁘시게 하는</u> 행위입니다.

2) 구원의 은혜에 <u>감사하는</u> 행위입니다.

3) 삶의 최고의 가치를 <u>경험하는</u> 행위입니다.

| 코칭 노트 |

예배란 중생한 신자가 하나님께 기도와, 찬양, 신앙고백, 뜻과 정성이 담긴 헌신과 감사의 예물 등을 통하여 존귀와 영광을 하나님께 드

리며 하나님을 두렵고 떨림으로 섬기며 봉사하는 행위입니다.

참된 예배는 마음 중심으로부터 시작하여 외적 행위로 나타납니다.

우리가 하나님께 예배드리고 다만 그를 섬긴다는 것은 하나님외에 다른 우상을 섬기지 않겠다는 것입니다.

만약 하나님보다 더 중요하게 여기는 것이 있다면 그것은 우상이 됩니다. 하나님께 예배하는 사람들은 우상으로부터 돌아서서 하나님만 사랑하며 살아갑니다. 예배는 오직 하나님만 사랑한다는 우리의 고백입니다.

우리가 "예배를 드린다."고 할 때에 "드린다."라는 표현은 인격을 가진 상대방과의 만남을 전제로 합니다.

그러므로 우리가 예배를 드리러 교회에 갈 때 최상의 목적은 살아 계신 하나님과의 만남을 통한 교제에 있는 것입니다. 이 만남의 교제가 없이는 우리가 드리는 예배는 종교적인 행위에 지나지 않으며, 우리가 갖는 이웃과의 만남은 사회적인 활동에 지나지 않습니다.

2. 말씀을 읽고, 듣고, 실천 합니다.

[요한계시록 1:3]
이 예언의 말씀을 읽는 자와 듣는 자들과 그 가운데 기록한 것을 지키는 자들이 복이 있나니 때가 가까움이라

1) 하나님의 <u>영감</u> 으로 된 말씀입니다.

2) 신적 <u>권위</u> 가 있는 말씀입니다.

3) 메시야에 대한 <u>예언</u> 의 말씀입니다.

| 코칭 노트 |

말씀은 인생의 등불과 같습니다. 처음에 말씀을 통하여 구원에 이르게 되었더라도 그 인생이 갈 길을 밝혀 주는 것도 역시 말씀인 것입니다. 따라서 말씀은 영혼에 있어서 영적 생명을 지속하게 하며 경건의 연습을 쌓게 하여 구원의 완성에 이르게 하는 중요한 역할을 합니다.

3. 기도로 살아계신 하나님과 인격적인 <u>대화</u> 를 합니다.

[예레미야 29:12-13]

¹² 너희가 내게 부르짖으며 내게 와서 기도하면 내가 너희들의 기도를 들을 것이요 ¹³ 너희가 온 마음으로 나를 구하면 나를 찾을 것이요 나를 만나리라

1) 기도는 말씀에 의해 <u>문</u> 이 열립니다.

2) 기도는 말씀에 의해 <u>내용</u> 이 형성됩니다.

3) 기도는 말씀에 의해 <u>통제</u> 가 됩니다.

| 코칭 노트 |

하나님을 경외함으로 드리는 기도에는 하나님과 대화를 나누는 사람에게 어울리는 합당한 정신과 마음 자세가 필요합니다. 불경스럽다거나 충동적이거나 경솔한 요소가 있어서는 안 됩니다. 하나님을 바르고 순수하게 주시하지 못하게 하는 육적인 근심과 생각을 버리고 전심전력해서 하나님께로만 향하는 마음을 가져야 합니다.

그러므로 기도자는 그 무엇보다, 하나님께서 허락하시는 것 이상을 구하지 말고 자신의 욕망을 하나님의 권능에 복종시키는 마음, 스스로 깊은 심연에 떨어져서 부르짖는 자세를 가져야 합니다. 따라서 기도자는 성령의 도움이 필요하며 그 성령의 도움을 받아 기도하는 것이 마땅한 것입니다.

예수 그리스도의 이름으로 기도드립니다				
찬양	자백	감사	간구	청원

| 코칭 노트 |

독일의 화가이며 조각가인 뒤러(1471-1528)는 소묘 900점, 목판화 350점을 비롯하여 많은 작품을 남겼지만 그 가운데서도 대표작은 현재 뉴른베르크 박물관에 보관되어 있는 "기도하는 손"입니다. 이 그림에는 위대한 사랑의 이야기가 담겨 있습니다.

그림 공부에 뜻이 있었으나 가난했던 뒤러는 그의 친구와 하나의 약속을 했습니다. 한 사람이 그림공부를 하는 동안 한 사람이 노동을 해서 돕기로 했던 것입니다. 뒤러가 먼저 공부를 하게 되었는데, 어느 정도 명성을 얻게 되자 친구를 공부시키기 위하여 찾아갔습니다.

친구는 마침 기도 중이었는데 그 기도의 내용이 뒤러의 가슴을 뭉클하게 했습니다. "하나님, 저는 심한 노동으로 손이 굳어 그림을 그릴 수 없게 되었습니다. 하오나 하나님, 내 친구 뒤러만은 화가로서 성공하게 해 주시옵소서."

뒤러는 흐르는 눈물을 닦을 생각도 하지 않고 그 자리에서 연필을 꺼내 친구의 기도하는 그 거친 손을 스케치했습니다. 이것이 불후의 명

작인 "기도하는 손"입니다.

"기도하는 손은 가장 아름다운 손입니다."

누군가를 위하여 기도하는 것은 가장 아름답고 귀한 섬김이며 사랑의 실천입니다. 그것은 이웃 사랑의 주님 계명을 실현하고 보고합니다. 당신의 중보기도는 사람을 변화시키며 하늘과 땅을 움직일 수 있습니다. 당신의 중보기도는 하나님의 뜻이 이 땅에 실현되는 원동력이며, 축복의 열쇠입니다.

4. 전도로 죄인을 주님께로 <u>인도</u> 합니다.

[마가복음 16:15]
또 이르시되 너희는 온 천하에 다니며 만민에게 복음을 전파하라

1) 전도는 <u>복음</u> 에 대한 열정이 있어야 합니다.

2) 전도는 <u>영혼</u> 에 대한 열정이 있어야 합니다.

3) 전도는 <u>하나님 나라</u> 에 대한 열정이 있어야 합니다.

| 코칭 노트 |

참된 행복을 모르고 살아가는 지극히 불쌍한 사람들, 매일같이 허전한 마음으로 불안 속에 살아가는 사람들, 항상 골통과 불만 속에 살아가는 이웃들, 형제들, 친구들, 가족들을 살려야 합니다. 그들이 죽기 전에 살려야 합니다. 기다릴 시간이 없습니다.

지금 당장 전도하러 나가야 합니다. 교회 예산의 많은 부분은 영혼 구원을 위한 전도와 선교로 쓰여져야 합니다. 빈자리를 채워 달라는 기도보다 불쌍한 영혼들을 구언하기 위하여 쓰임 받는 자가 되도록 기도하여야 합니다.

현 시대는 관계중심 전도가 가장 적합한 전도방법입니다. 관계전도란 전도인이 전도대상자에게 생활 속에서 '그리스도인의 인격'으로 친분을 맺고 '그리스도의 사랑'을 베풀면서 함께 그리스도 앞으로 나아오는 것입니다.

전도인의 삶의 모습은 물건을 사기 전에 미리 보는 견본품과 같으며 미리 보게 되는 영화의 예고편(豫告篇)과 같습니다.

또한 전도는 영적인 전쟁입니다. 기도할 때 힘을 얻습니다. 몸속에 암(癌) 같은 질병은 열에 약하므로 아픈 곳에 손을 대고 온 마음을 모아 간절히 기도함으로써 성령님의 불세례로 치료받을 수 있는 것입니다. 성령님께서 주시는 여러 가지 권능의 은사는 예수님의 이름으로 간절히 기도할 때에 나타나는 것입니다.

상대방을 감동시키는 것은 나의 말이 아니라 성령님의 역사입니다. "전도에 가장 중요한 것은 전도자가 진정으로 성령님을 체험한 후 그 기쁨을 전하지 않고는 못 배기겠다는 열정을 갖는 것"이라고 말합니다. 전도를 왜 하는지 모르고 신앙에도 확신이 없는 사람이 전도에 나서면 '소경이 소경을 인도하는 꼴'일 뿐입니다.

전도에 있어 어떤 노하우보다 중요한 것은 그 사람이 복음을 통해 거듭난 모습을 보이는 것, 그때는 삶 자체가 전도가 됩니다. 이 때문에 전도자는 무엇보다도 자신이 '성령님이 담긴 그릇'이 되도록 기도와 말씀 읽기를 게을리 하지 말아야 합니다.

5. 봉사로 이웃을 섬겨야 합니다.

[마가복음 10:45]
인자의 온 것은 섬김을 받으려 함이 아니라 도리어 섬기려 하고 자기 목숨을 많은 사람의 대속물로 주려 함이니라

1) 봉사는 이웃의 <u>필요</u> 를 인식해야 합니다.

2) 봉사는 나눔의 <u>기회</u> 를 포착해야 합니다.

3) 봉사는 희생의 <u>대가</u> 를 지불해야 합니다.

| 코칭 노트 |

 은사로 봉사하는 자는 그것이 자신에게서 기원된 것처럼 자신의 능력을 과시하는 자세로 봉사하면 안 됩니다.

 사람들이 보는 앞에서 인간의 능력으로 자신의 신분과시를 위해서 은사를 행사하면 바로 피곤해지고, 하나님에 대한 신앙이 성숙하기보다는 자신에 대한 자만이 부풀어 오릅니다.

 우리의 힘이 아닙니다. 우리가 물질을 나누었다 해도 그 물질의 주인은 하나님이심을 알아야 합니다. 하나님이 주시는 은사와 힘으로 당연히 해야 할 일을 한 것뿐입니다.

| 은혜 나누기 |

1. 이 과를 통해 가장 마음에 와닿는 말씀은 무엇입니까?

2. 그 말씀을 붙잡고 어떻게 실천할 것입니까?

3. 다함께 은혜의 말씀과 실천해야 할 일을 위해 기도합시다.

"길이 아니면 가지 말라. 진리가 아니면 알지 말라. 생명이 아니면 살지 말라"

- 멜리 테니 -

| 신앙 서약서 |

* 아래 사항을 읽고 진심으로 서약합시다.

1. 우리 인생의 소망은 오직 하나님께 있음을 믿습니다. 또한 그 하나님을 의지하며 은혜 가운데 살아가기를 원합니다.

2. 예수 그리스도가 우리의 참 구세주 되심을 믿고 열심히 신앙생활 하겠습니다.

3. 매 주일 예배를 온전히 드리고, 성경 말씀을 늘 읽고 묵상하며 늘 기도하겠습니다.

4. 주 안에서 아름다운 교제를 나누며, 하나님 사랑과 이웃 사랑을 실천하는 데 앞장서겠습니다.

위의 사항을 하나님께 진심으로 서약하며
교회를 위해 늘 기도하며 봉사하며 섬기겠습니다.

20   년   월   일

서약자 :

나의 신앙간증문

신앙생활하면서 변화된 내 모습을 기록해 봅시다.

저자 신현수 목사

신현수 목사는 총신대학교 대학원을 졸업한 후 부교역자로 14년간 섬겼고 담임목사로 현장에서 교사 교육, 제자훈련 및 전도훈련, 구역장 인도 등 풍부한 경험을 쌓아왔다. 그는 성경적인 교회를 세우고 더 나아가 이 땅에 하나님 나라가 가정에서 교회로, 교회에서 사회 전반적으로 확장하기를 소원하며 그 비전을 실현하기 위해 최선을 다하고 있다.

"하나님의 나라를 위해, 하나님의 사람을, 하나님의 말씀을 가지고 하나님의 사역자로 세우는 일"을 목회 원리로 삼고 평신도 사역자를 세우는 예수님의 종으로써 사명을 감당하고 있다. 현재는 성경적인 교회를 세우기 위해 설교, 전도와 양육에 많은 목양적 관심을 두고 평신도 사역자를 세우는 사역에 온 힘과 열정을 다 쏟고 있다. 또한 '제직 바로 세우기', '구역장 바로 세우기', '새가족 바로 세우기' 등을 통해 각 교회에 기존신자를 깨워 새신자를 양육시키는 사역에 전력을 다하고 있다.

[주요저서]
새가족바로세우기, 제직 바로세우기, 구역장 바로세우기 등 20여 종의 저서가 있다.